Himmlers Rennfahrer

Christoph Frilling

Himmlers Rennfahrer

Bernd Rosemeyer,
der SS-Hauptsturmführer aus Lingen

Bibliografische Information der Deutschen Nationalbibliothek
Die Deutsche Nationalbibliothek verzeichnet diese Publikation
in der Deutschen Nationalbibliografie; detaillierte bibliografische
Daten sind im Internet über http://dnb.d-nb.de abrufbar.

ISBN 978-3-631-73371-4 (Print)
E-ISBN 978-3-631-73372-1 (E-PDF)
E-ISBN 978-3-631-73373-8 (EPUB)
E-ISBN 978-3-631-73374-5 (MOBI)
DOI 10.3726/978-3-653-07203-7

© Peter Lang GmbH
Internationaler Verlag der Wissenschaften
Frankfurt am Main 2017
Alle Rechte vorbehalten.
Peter Lang Edition ist ein Imprint der Peter Lang GmbH.

Peter Lang – Frankfurt am Main · Bern · Bruxelles ·
New York · Oxford · Warszawa · Wien

Das Werk einschließlich aller seiner Teile ist urheberrechtlich
geschützt. Jede Verwertung außerhalb der engen Grenzen des
Urheberrechtsgesetzes ist ohne Zustimmung des Verlages
unzulässig und strafbar. Das gilt insbesondere für
Vervielfältigungen, Übersetzungen, Mikroverfilmungen und die
Einspeicherung und Verarbeitung in elektronischen Systemen.

Diese Publikation wurde begutachtet.

www.peterlang.com

Abstract

Anlass für diese Arbeit über den deutschen Rennfahrer Bernd Rosemeyer (1909–1938) ist der Plan eines rennsportbegeisterten Bauunternehmers aus dem emsländischen Lingen, zu Ehren dieser Figur der Geschichte des Nationalsozialismus und seiner Ehefrau, der weltberühmten Flugpionierin Elly Beinhorn, ein privates Museum in Lingen zu errichten.

Mit Unterstützung von Rosemeyers Sohn, des Mediziners Bernd Rosemeyer Junior, soll das Andenken an den Rennfahrer und die Pilotin reingewaschen werden von dem immer wieder aufkommenden Vorwurf, beide hätten das NS-Regime auf nationaler und internationaler Ebene propagandistisch unterstützt, er als Hauptsturmführer der SS und sie als Repräsentantin des Nationalsozialistischen Flieger Korps (NSFK). Die Initiatoren des Museums möchten hiervon abstrahieren und allein die sportlichen Leistungen der beiden Protagonisten würdigen.

Die Instrumentalisierung durch die NS-Propaganda sei unumgänglich gewesen, so heißt es, wenn man im Sport Karriere machen wollte. Immerhin wird also eingeräumt, dass beide sich opportunistisch verhalten haben.

Ziel dieser Arbeit ist es, den Nachweis zu erbringen, dass Rosemeyer und Beinhorn nicht nur angepasste und womöglich unpolitische Karrieristen waren, sondern dass sie in ihrer Unterstützung des Nazi-Staats auch deutlich gemacht haben, dass sie dieses System befürworteten und unterstützten.

Die privaten Kuratoren des Museums versuchen dagegen unablässig, die politische Rolle von Rosemeyer und Beinhorn herunterzuspielen. Dabei bedienen sie sich nicht nur offensichtlich falscher Behauptungen, sondern argumentieren mit den stereotypen Exkulpationsnarrativen: Ihre beiden Helden seien unpolitisch gewesen, hätten nichts von den Verbrechen der Nazis gewusst, hätten sogar heimlich verfolgten Oppositionellen und insbesondere jüdischen Bekannten dabei geholfen, sich in Sicherheit zu bringen.

This study on the German car race-car driver Bernd Rosemeyer (1909–1938) was inspired by the project of a building contractor from Lingen, Emsland. This great motor racing enthusiast is planning to open a private museum in honour of this central figure in the history of National Socialism and of his wife, the world-famous aviation pioneer Elly Beinhorn.

With the support of the driver's son, the sports physician Bernd Rosemeyer junior, the memory of both the racing star and the pilot is to be cleansed of the repeated accusation that both of them supported the propaganda of the Nazi regime at both a national and international level, Rosemeyer as a Hauptsturmführer (captain) of the SS and Beinhorn as a representative of the Nazi flying corps (NSKK). The founders of the museum wish to avoid and minimize this topic and instead exclusively acknowledge their sporting achievements.

While it is common knowledge that abuse as a political instrument by Nazi propaganda was inevitable if one wanted to pursue a sporting career, both conceded that they knowingly took advantage of this opportunity. The objective of this study is to provide evidence of the fact that Rosemeyer and Beinhorn were not only adaptable and quite possibly apolitical careerists but also that they made it clear in their support of the Nazi state not only that they were favourably disposed to this political system but that they also actively advocated it.

The private museum's curators have persistently tried to play down Rosemeyer's and Beinhorn's political role. In doing so, they not only demonstrate obvious false assertions but they also make use of stereotypical narratives for exoneration purposes: according to them both of their heroes were apolitical, they were unaware of the Nazis' crimes, and they even helped persecuted members of the opposition and especially Jewish friends in their efforts to find safety.

Christoph Frilling

Der Sieger Foto: Melche-Auto-Union

„Herr Bertolt Brecht behauptet: Mann ist Mann.
Und das ist etwas, was jeder behaupten kann.
Aber Herr Bertolt Brecht beweist auch dann
Daß man mit einem Menschen beliebig viel machen kann.
Hier wird heute Abend ein Mensch wie ein Auto ummontiert
Ohne daß er irgend etwas dabei verliert.
Dem Mann wird menschlich nähergetreten
Er wird mit Nachdruck, ohne Verdruß gebeten
Sich dem Laufe der Welt schon anzupassen
Und seinen Privatfisch schwimmen zu lassen.
Und wozu auch immer er umgebaut wird
In ihm hat man sich nicht geirrt.
Man kann, wenn wir nicht über ihn wachen
Ihn über Nacht auch zum Schlächter machen."

(Bertolt Brecht, Mann ist Mann)

Inhalt

Vorwort 13
0. Einleitung 17
1. Der Pakt mit dem Teufel. Ein Arrangement
   mit dem Nationalsozialismus 21
2. Wie kam Bernd Rosemeyer zur SS? 39
3. Die SS – eine Elite? 43
4. Musste Rosemeyer in die SS, um Karriere
   zu machen? 53
5. Wusste Rosemeyer nicht, dass die SS eine
   verbrecherische Organisation war? 59
6. Bernd Rosemeyer in der SS 65
7. Das Märchen vom Gut-Nazi und Judenfreund 73
8. Lingen im Zeichen Bernd Rosemeyers 79
9. Fazit 91
10. Anhang 93
Literatur 105
Bildnachweis 111

Vorwort

In einer Arbeit über „Habitus und Sprache prominenter Mitläufer" gelangte ich 2009 zu folgender Einschätzung der politischen Rolle Bernd Rosemeyers und seiner Ehefrau Elly Beinhorn:

> „Elly Beinhorn und Bernd Rosemeyer standen beide dem NS-Regime eher distanziert gegenüber. Die Ursache für diese Haltung war jedoch nicht das Ergebnis differenzierter, politischer Analyse, sondern eine insgesamt unpolitische Haltung. Eine ähnliche Distanz hätten beide wohl auch gegenüber einer SPD- oder Zentrumsregierung eingenommen – Politik interessierte sie einfach nicht. Desweiteren fehlte es beiden an der intellektuellen Fähigkeit, politische Manöver gleich welcher Art zu durchblicken; beide stammten aus einem relativ bildungsfernen Milieu, so dass ihnen auch die Kategorien fehlten, nach denen sie politische Strömungen hätten bewerten und einordnen können. Bliebe noch eine mögliche Ablehnung des Nationalsozialismus aus moralischen oder humanitären Erwägungen; auch diese lag ihnen fern, denn der Instanz, die ihnen die moralischen Grundwerte dafür hätte vermitteln können, mangelte es an eigener Glaubwürdigkeit: die „Brückenbau-Politik" des Bischofs Berning und auch anderer hoher Repräsentanten der katholischen Kirche war nicht dazu angetan, junge Katholiken bzw. Christen etwa in den Widerstand gegen den Nationalsozialismus zu führen. Im übrigen standen Elly Beinhorn und Bernd Rosemeyer der Kirche nicht besonders nahe; sie verzichteten auf eine kirchliche Trauung. Es wirkten auf Elly Beinhorn und Bernd Rosemeyer auch zu heftige Gegenkräfte ein, als dass ihnen eine wirklich resistente Haltung – also etwa tätiger Widerstand – gegenüber dem Nazismus möglich gewesen wäre. Ein Nationalismus bürgerlich-konservativer Provenienz als Mainstream der 20er und frühen 30er Jahre als Konterpart zu einem proletarisch dominierten Sozialismus, zu dem das kleinbürgerliche Milieu Elly Bein-

> horns und das rustikal-katholische Milieu Bernd Rosemeyers keinen Zugang hatten, verfehlte seine ideologiebildende und nach politischer und moralischer Hegemonie strebende Wirkung auch in diesem Falle nicht" (Frilling 2009: 59)

Nach weiteren Studien und intensivierter Spurensuche und -auswertung lässt sich diese Analyse acht Jahre nach der genannten Veröffentlichung nicht mehr unverändert aufrecht erhalten.

In Lingen, der Heimatstadt Rosemeyers, kommt es immer wieder zu heftigen, öffentlich geführten Diskussionen über die Bewertung von Rosemeyers politischer Funktion sowie über die Frage, ob seine rennsportlichen Erfolge losgelöst von seiner politischen Rolle gewürdigt werden sollten. Ich selbst bin in den letzten Jahren zu der Überzeugung gelangt, dass Bernd Rosemeyer und seine Ehefrau Elly Beinhorn eben nicht nur die apolitischen Profiteure eines barbarischen Systems waren, sondern dass sie dem Nationalsozialismus durchaus mit Sympathie begegneten. Dies wird von der Familie Rosemeyer, insbesondere Bernd Rosemeyer jr., sowie von mehr oder weniger einflussreichen Kreisen in Lingen bestritten.

Vor diesem Hintergrund finden nun die Vorbereitungen für die Errichtung einer Rosemeyer/Beinhorn-Gedächtnisstätte in Lingen statt, eines privaten Museums, dessen Funktion darin bestehen soll, die beiden Protagonisten reinzuwaschen und ihre Verstrickung in den Nationalsozialismus als unbedeutend von der Bildfläche zu verbannen. An dieser Zielsetzung gibt es keine Zweifel, nachdem die Initiatoren sich in einer Rennsport-Zeitschrift entsprechend offenbart haben (vgl. Anhang dieser Arbeit).

Mit dieser Arbeit möchte ich zusammenfassend einige Fakten präsentieren, die der geplanten Würdigung Rosemeyer/Beinhorns entgegenstehen. Lingen darf nicht zum Wallfahrtsort alter und neuer Anhänger des Nationalsozialismus werden.

Bernd Rosemeyer und Elly Beinhorn ließen sich von den Tätern von damals für die Politik des Nationalsozialismus vereinnahmen. Sie durch ein Museum bzw. eine Gedenkstätte undifferenziert zu ehren, ist ein falsches Signal für die Jugend, zumal in einer Zeit, in der rechter Radikalismus in Europa wieder hoffähig zu werden droht.

Lingen, im Sommer 2017

Christoph Frilling

0. Einleitung

Mehr als 70 Jahre nach dem Ende des Zweiten Weltkriegs bewegen die Versuche, den Nationalsozialismus und seine Protagonisten zu historisieren, immer wieder auch die Stadt Lingen/Ems, Heimatstadt des legendären Rennfahrers Bernd Rosemeyer.

Dieser ist freilich wegen seiner Funktion als SS-Hauptsturmführer umstritten. Anlässlich seines 80. Todestages planen die Lingener Anhänger des fragwürdigen Idols der Nazi-Zeit die Einrichtung eines „Elly Beinhorn und Bernd Rosemeyer-Museums". Dagegen gibt es erhebliche Einwände, denn die Initiatoren haben mehrfach deutlich gemacht, dass eine Würdigung der sportlichen Erfolge Bernd Rosemeyers und seiner Ehefrau Elly Beinhorn ihr Hauptanliegen ist – nicht etwa eine kritische Aufarbeitung der Umstände, unter denen und durch die diese Erfolge möglich wurden.

Uwe Day (2006) erinnert daran, dass „für den jüdischen Romanisten Viktor Klemperer, der von den Nazis vom Lehrstuhl gejagt wurde, [...] das SS-Mitglied Rosemeyer [...] eine Figur aus dem braunen Heldenkabinett" (Day 2006) gewesen sei.

Diesen zu historisieren entspricht der Forderung nach dem berüchtigten „Schluss-Strich", die alte Nationalsozialisten schon kurz nach dem Zweiten Weltkrieg erhoben. Konservative Politiker und Historiker machten sich diese Forderung spätestens seit den 50er Jahren des vorigen Jahrhunderts zu Eigen. Peter Lange zitierte in einer Sendung des Deutschlandfunks den Bochumer Historiker Norbert Frei wie folgt: „Die allgemeine Stimmungslage in Deutschland war so, dass quasi pauschal die Bemühungen um einen Schluss-Strich, wie man schon damals sagte, Unterstützung fanden, und dass die, ja man kann schon sagen, die Sehnsucht nach Amnestie, nach dem großen Vergessen, so heißt es ja wörtlich in den Quellen, allgemein und ungeteilt war. Das ging wirklich von ganz weit rechts natürlich, aber auch bis über die Mitte hinaus ins sozialdemokratische Lager. Sogar die Kommunisten haben an der einen oder anderen Stelle deutlich Sympathie gezeigt" (Lange 2000: 1).

Gegenwärtig wird dieser Faden wieder von der AfD aufgenommen. Björn Höcke sagte in einer Ansprache vom 19. Januar in Dresden: „Wir Deutschen sind das einzige Volk in der Welt, das sich ein Denkmal der Schande in das Herz seiner Hauptstadt gepflanzt hat. Meine Antwort: Na und? Darin liegt ja gerade das Geistesniveau unseres durch eine blühende Kultur gesegneten Volkes, dass wir noch nach über 70 Jahren nicht darüber hinwegkommen, dass im Lande Goethes, Beethovens, Kants, Dürers zwölf Jahre lang eine derartig bodenlose Barbarei Fuß fassen konnte" (zit. nach: Schmelter 2017: 1).

In der Rosemeyer-Diskussion wird sinngemäß behauptet: „Durch seinen frühen Tod war es Rosemeyer nicht möglich, die Verbrechen der Nazis richtig einzuschätzen, denn die verbrecherische Brutalität des Regimes hat sich erst nach seinem Tode so richtig entfaltet". In dieser Arbeit wird der Nachweis geführt, dass die Katastrophe, in die der Nationalsozialismus führen würde, sehr wohl erkennbar war, und zwar schon seit den Jahren 1932/33, in denen Rosemeyer sich den Nazis durch Eintritt in die SS anschloss. Dorothy Woodman schrieb schon am 1. September 1934: „Die Hitlerdiktatur bedeutet eine der größten Kriegsgefahren unserer Zeit" (zit. nach: Frilling 2009: 63).

Rosemeyer soll durch ein Museum geehrt werden, während Victor Klemperer, der die Funktion Rosemeyers frühzeitig erkannt hatte, der Vergessenheit anheimfällt. Dabei steht gerade er, der vor 1933 „Fakultäten geführt, Studenten betreut, ganze Wissenschaftszweige weitergebracht"

(Schmelter 2017: 1) hatte, aus seiner „Arbeitsstätte verjagt, bespuckt, mit Stiefeltritten traktiert, ausgeplündert, lustvoll verängstigt, gequält und wie lichtscheues Gesindel für Jahre in die Keller gescheucht" (ebd.) wurde, als ein Beispiel für Millionen Verfolgte.

1. Der Pakt mit dem Teufel. Ein Arrangement mit dem Nationalsozialismus

> „Das Drüben kann mich wenig kümmern;
> Schlägst du erst diese Welt zu Trümmern,
> Die andre mag darnach entstehn.
> Aus dieser Erde quillen meine Freuden,
> Und diese Sonne scheinet meinen Leiden;
> Kann ich mich erst von ihnen scheiden,
> Dann mag, was will und kann, geschehn.
> Davon will ich nichts weiter hören,
> Ob man auch künftig haßt und liebt
> Und ob es auch in jenen Sphären
> Ein Oben oder Unten gibt."
>
> (Johann Wolfgang Goethe, Faust)

In diesem Kapitel wird gezeigt, wie Bernd Rosemeyer und Elly Beinhorn sich mit dem Nationalsozialismus einließen und es verstanden, sich den Machthabern anzudienen, so dass für Rosemeyers SS und – im Falle Elly Beinhorns – für das Nationalsozialistische Fliegerkorps (NSFK) – kein Zweifel daran aufkommen konnte, es bei diesen international renommierten Superstars mit treuen Anhängern des Nationalsozialismus zu tun zu haben. Dennoch behaupten ihre Anhänger bis in die Gegenwart hinein, die beiden seien niemals richtige Nazis gewesen. In Wirklichkeit waren sie aber „Erfüllungsgehilfen mörderischer Propaganda" (Reuss 2009), wie es u.a. Eberhard Reuss nachgewiesen hat.

Ein Leserbrief in der Lingener Tagespost vom 4.09.2007 bringt die in Lingen nicht unpopuläre Linie einer Entlastung Rosemeyers auf den Punkt. Hier wird behauptet, der junge Rennfahrer hätte sich durch seine SS-Mitgliedschaft „betont [...] von den niveaulosen Horden der SA" absetzen wollen;

er habe damals auch nicht vorhersehen können, „was sich erst nach seinem Tod 1938 ereignen würde". Doch. Er hat es vorausgesehen. Aber es war ihm egal. Dass es sich bei der SS keineswegs um eine Elite handelte, sondern um eine von Anfang an „verbrecherische Organisation", wird im 3. Kapitel dieser Arbeit dokumentiert.

> „Das Schwarze Korps, die Reichszeitung der Schutzstaffel der NSDAP (SS), berichtete im Februar 1937, dass SS-Fahrer in motorsportlichen Veranstaltungen ein ‚schonungsloses Höchsttempo' anschlagen würden [...]. Nach den Vorstellungen Himmlers sollte sich die SS an die Spitze des deutschen Motorsports katapultieren und auch international in dieser überaus populären und prestigeträchtigen Sportart überzeugen" (Bahro 2014: 197).

Jedoch entsprach die SS in Wirklichkeit keineswegs dem gern geäußerten Eliteanspruch. „Im Durchschnitt handelte es sich bei den Mitgliedern der Motor-SS um etwas ältere und meist bereits im Berufsleben stehende Männer, was den Idealen der auf Jugendlichkeit und Fitness fixierten SS-Führung nicht immer entsprach" (ebenda: 210 f.). Der Beitritt Bernd Rosemeyers 1932 bzw. 1933 war das gewünschte Signal für eine Verstärkung der Nachwuchsarbeit der Motor-SS. „Dass neben der Reiter-SS insbesondere die motorisierten SS-Einheiten in gehobenen Kreisen als „elitäres und intellektuelles Gegenstück, sogar als ein Konkurrent des proletarischen Millionenheeres der SA" galten und vor allem in ihrer sportlichen Ausrichtung wahrgenommen wurden", belegt Bahro mit „Selbstzeugnissen" von ehemaligen Angehörigen dieser Einheiten, was freilich als wissenschaftlich ernstzunehmende Quelle zweifelhaft ist. In allen diesen Quellen wird von den dort zitierten SS-Mitgliedern nach 1945 beteuert, man sei der Motor-SS ausschließlich aus sportlichen Gründen beigetreten; niemand von ihnen erklärt, er habe dies aus NS-Überzeugung oder aus politischen Gründen getan. Diese Apologie gleicht bis ins Detail dem Muster, nach dem die heutigen Befürworter einer Ehrung Rosemeyers in Lingen verfahren.

Doch schon 1933 bestanden – wie weiter unten gezeigt wird – z. B. die SS-Wachmannschaften der emsländischen, also Lingen benachbarten Konzentrationslager – aus übelsten Rabauken, die vor Mord- und Totschlag nicht zurückschreckten, Folterknechte, die in ihrer Freizeit und meist alkoholisiert die Bevölkerung auch außerhalb der Lager tyrannisierten. Dies kann Rosemeyer als Mitglied der SS nicht entgangen sein.

Manche halten Bernd Rosemeyer und Elly Beinhorn zugute, sie hätten wie Millionen anderer Deutscher nichts gesehen, gehört, gewusst ... wie unglaubwürdig! Wibke Bruns schreibt hierzu:

> „Dabei gäbe es, wenn man genau hinguckte, tief Beunruhigendes zu entdecken. Da dürfen Juden, deutsche Staatsbürger, nicht mehr wählen und können nicht eingezogen werden, „Mischlinge" dürfen in der Wehrmacht nicht mehr Vorgesetzte sein. Juden wird die Lizenz als Dolmetscher, Wirtschaftsprüfer, Amtstierarzt und Schornsteinfeger entzogen, jüdische Viehhändler erhalten Berufsverbot. Juden können nicht mehr promovieren, Studenten ist es untersagt, bei jüdischen Repetitoren zu lernen. Jüdische Ärzte dürfen niemanden mehr krankschreiben oder Atteste ausstellen, jüdische Wohlfahrtsinstitutionen verlieren ihre Steuerbefreiung, das Winterhilfswerk betreut keine Juden mehr, an altsprachlichen Gymnasien wird Hebräisch nicht mehr unterrichtet, in Mischehe lebenden Deutschen ist das Hissen der Reichsfahne verboten – daran erkennt sie jeder. Das sind neue Bestimmungen aus den Jahren 1936/37, und ich könnte die Liste beliebig fortsetzen. Doch wer guckt schon hin?" (Bruns 2004: 276).

Es kann als sicher gelten, dass auch Bernd Rosemeyer und Elly Beinhorn sich schon zu dieser Zeit darüber im Klaren waren, dass sie sich mit dem Teufel eingelassen hatten.

Alle SS-Angehörigen wurden vereidigt. „Die jährliche Vereidigung von SS-Männern vor der Münchener Feldherrnhalle gehörte zu den nationalsozialistischen Ritualen und wurde als mystisches Ereignis in Szene gesetzt" (Westemeier 2014: 6). Die Eidesformel lautete:

> *„Ich schwöre dir, Adolf Hitler, als Führer und Kanzler des Reiches, Treue und Tapferkeit. Ich gelobe dir und den von dir bestimmten Vorgesetzten Gehorsamkeit bis in den Tod, so wahr mir Gott helfe".*

Hat Rosemeyer den Eid nicht geleistet? Natürlich hat er.

In den „Leitheften" für die weltanschauliche Schulung der SS standen folgende Themen im Vordergrund: „1. Blut und Boden, 2. Judentum [...], 3. Geschichte des deutschen Volkes, 4. Jahresablauf und Brauch sowie Totenehrung... ." (Ebenda: 61)

Nahm Rosemeyer an solchen Schulungen nicht teil? Sollte dies der Fall sein: Waren ihm solche Schulungsthemen unbekannt? Unwahrscheinlich. Dem verbreiteten Narrativ, Rosemeyer und seine Freunde hätten „nichts gewusst", ist z. B. eine Rede von Goebbels entgegen zu halten, über die in allen damals verfügbaren Medien breit informiert wurde:

> „Am 11. Mai 1934 hatte Goebbels mit einer Sportpalastrede das Signal für eine neue Kampagne gegen die Juden eingeläutet. Die Presse rief zum Boykott jüdischer Geschäfte auf und druckte den Teil der Rede nach, in dem Goebbels die prinzipielle Unvereinbarkeit von „deutsch" und „jüdisch" postuliert hatte" (ebenda: 552).

Auch im Emsland folgte die SS, ebenso wie die SA, diesem Aufruf des „Reichspropagandaministers", und auch hier wurden jüdische Bürger schon zu diesem frühen Zeitpunkt verfolgt und drangsaliert. Durch die gewaltsame Entfernung jüdischer Geschäftsleute, Juristen, Mediziner und anderer

Fachleute aus ihren Funktionen entstanden quer durch die Gesellschaft Vakanzen, die nicht so ohne Weiteres neu zu besetzen waren und das Funktionieren des öffentlichen Lebens bis hin zur Versorgung der Bevölkerung gefährdeten. Die Nationalsozialisten bemühten sich aktiv, die entstandenen Lücken durch „Arier" zu schließen, die allerdings in vielen Fällen mit ihren neuen Funktionen mangels Qualifikation hoffnungslos überfordert waren. Im Emsland – wo sie nicht überall beliebt waren – versuchten die Nazis z. B. arische Viehhändler und Kaufleute aus dem Landhandel für einen Umzug in diese Region zu gewinnen. Das Arbeitsamt Oldenburg fungierte dabei als Koordinierungsstelle, bei der sich junge Kaufleute melden sollten, um die frei gewordenen Funktionen zu besetzen. So schreibt Ernst Meyer, Gauinspektor der NSDAP Weser-Ems, am 12. November 1936 an einen jungen Kaufmann im Landhandel: „...Gerade in der Getreide- und Futtermittelbranche (sind) für tüchtige junge Leute die Aufstiegsmöglichkeiten nicht schlecht, weil bisher diese Geschäfte zum großen Teil in jüdischen Händen waren" (Original des Briefes liegt dem Verfasser vor). Dies war in den dreißiger Jahren ein „normaler Vorgang", und niemand kann sagen, hiervon keine Kenntnis gehabt zu haben.

Die SS war die „Schutzstaffel der NSDAP, war mit der Partei auf das engste verzahnt. [...] Es stand von Anfang an fest, dass die ideologischen Grundsätze der Partei auch für die Waffen-SS gelten" und für die allgemeine SS erst recht (vgl. ebenda: 93). Natürlich nicht nur für die, sondern für alle Mitglieder der SS – selbstverständlich auch für Bernd Rosemeyer.

Rosemeyers Heiratsgesuch wurde von Himmler sehr kurzfristig genehmigt, normalerweise war das ein sehr langwieriges Verfahren. Nur bei Himmlers persönlichen Günstlingen ging es schneller. Dennoch hatten auch die privilegierten SS-Männer und ihre Frauen den „Rasse-Fragebogen" auszufüllen, eine ärztliche Bescheinigung über ihre „Fortpflanzungsfähigkeit" vorzulegen sowie ihre arische Abstammung „bis 1750" (vgl. ebenda: 123).

Die künftigen Ehefrauen mussten sich dazu verpflichten, sich „vor der Heirat einer Prüfung durch eine Lehrkraft des Deutschen Frauenwerks, Reichsmütterdienst, zu unterziehen" (ebenda: 124). Waren die Rosemeyers von diesen Vorschriften suspendiert? Sehr fraglich.

Im SS-Fragebogen „zum Verlobungs- und Heiratsgesuch" wird die Frage gestellt: „Ist neben der standesamtlichen Trauung eine kirchliche Trauung vorgesehen?" (Vgl. Frilling 2009: 435) Rosemeyer antwortete mit „nein". Damit entsprach Rosemeyer einer ideologischen Vorgabe der SS, obwohl – wie sein Sohn noch heute beteuert – er doch „ein guter Katholik" war. „Um die SS-Männer den christlichen Konfessionen zu entfremden, wurden sie zum Beispiel systematisch durch ihre Schulungsleiter davor gewarnt, sich kirchlich trauen zu lassen, da ein Mann damit „die weltanschauliche Führung seiner Familie völlig aus der Hand gebe" (Hein 2012: 247). Ob Rosemeyer dies durch Teilnahme an Schulungen erfuhr, ist nicht bekannt. Ihm war allerdings sehr wohl bekannt, dass die SS kirchliche Trauungen nicht wünschte, und er hielt sich an diese Vorgabe.

Auch Elly Beinhorn widersetzte sich dieser Linie nicht. Sie hatte schon früh deutlich gemacht, wo sie politisch zu verorten war. Schon 1933 buhlte sie u. a. um die Sympathie des italienischen Faschistenführers Benito Mussolini: „Nicht erstaunlich ist, dass sich drei der bekanntesten deutschen Flugpioniere, Karl Schwabe, Elly Beinhorn und Hermann Köhl [....], um Privataudienzen bei Mussolini bemüht haben. Sie wollten damit demonstrieren, dass sie mit ihren Rekordleistungen zu den von ihnen bewunderten faschistischen Vorbildern aufgeschlossen hatten. [...] Beinhorn wurde am 26.07.1933 auf ihrem Rückflug von Afrika von Mussolini zu einer Audienz eingeladen" (Schieder 2013: 155). Es erübrigt sich zu sagen, dass sie die Einladung annahm.

Auch folgte sie bereitwillig dem kirchenpolitischen Kurs der SS. Sie billigte es offenbar, dass anstelle der traditionellen Kirchenfeste, z. B. des Weihnachtsfests, die „Sonnwendfeiern [...] zum festen Brauchtum der SS" (ebenda: 249) wurden. Demgemäß begeistert sich Elly Beinhorn in einem Dokumentarfilm für die (besonders von Himmler geliebten) germanischen Rituale, wie sie z. B. in den ehemaligen deutschen Kolonien noch praktiziert wurden. Den zweiten Teil des Films leitet Elly Beinhorn mit folgendem Satz ein: „Aber jetzt kommen wir zu der Jugend, und da werden Sie sehen, daß gerade die Jugend aber hundertprozentig in unserem neuen Geist in Deutschland drinnen ist und mitgegangen ist" (Henze 1975: 14).

Elly Beinhorn kann ihre Begeisterung nicht verbergen, als sie eine Sonnwendfeier in der Nähe von Windhuk filmisch dokumentiert:

> „Heute haben sich alle die Pfadfinder und die weiblichen Jugendgruppen von Windhuk auf dem alten Ausspannplatz getroffen. Von da aus marschieren sie in die Berge, um, wie wahrscheinlich genau zur gleichen Zeit in Deutschland, die Sonnenwendfeier festlich zu begehen. Der Führer schreitet die Front ab, Ehrenbezeugung vor den Fahnen" (ebenda).

Elly Beinhorn bewundert die Jungen mit ihren breitkrempigen Hüten und den zweifarbig gestreiften Halstüchern:

> „Es ist eine richtige Freude zu sehen, wie bei diesen Jungen jeder Schritt und jede Bewegung genau sitzt. Die sind am stolzesten, die Kleinen da, die Wölflinge, die heute auch mit marschieren dürfen" (ebenda: 15).

Im Elly Beinhorns Film kann man an dieser Stelle Gesang und Gitarrenspiel hören:

„Wir ziehen über die Straßen
mit ruhig festem Schritt,
und über uns die Fahne,
sie fliegt und flattert mit ..." (ebenda).

Auffallend ist hier die Ähnlichkeit des Textes mit der ersten Strophe des „Horst-Wessel-Lieds", also der Nazi-Hymne, die zeitweilig die Funktion der deutschen Nationalhymne übernahm und gleichberechtigt neben ihr stand. Die Fahne, um die es hier geht, ist „unsere alte Reichsmarineflagge, die immer als erstes aufgepflanzt wird, wenn die Pfadfinder irgendwo bleiben, und da bleibt eine Fahnenwache dabei" (ebenda: 16).

Im Weiteren werden verschiedene mehr oder weniger paramilitärische Spiele der Pfadfinder gezeigt und von Elly Beinhorn kommentiert.

„Jetzt ist es Nacht geworden, und über Südwest leuchten die Feuer des deutschen Sonnenwendfestes. Nachdem die Flammen etwas heruntergebrannt sind, haben die besonders Mutigen unter den Pfadfindern Gelegenheit, durch die Flammen zu springen. [...] Das tun sie, indem sie zu gleicher Zeit einen Feuerspruch dazu sagen, das heißt, dass sie für irgendetwas diesen besonderen Mut aufbringen. Da hört man: 'Für das Deutschtum in Südwest' oder 'Für den Reichspräsidenten' oder 'Für den Reichskanzler Adolf Hitler'" (ebenda: 20 f.).

Am Ende der Zeremonie werden neue Mitglieder „auf die Fahne" vereidigt. Die Vereidigung ist in Elly Beinhorns Film gut zu sehen und zu hören:

„Wir versprechen Treue zum Deutschtum in Südwest (kurzer Trommelwirbel).
Wir versprechen Gehorsam gegen alle Führer und Vorgesetzten (kurzer Trommelwirbel).
Wir versprechen Pflichterfüllung und Pünktlichkeit im Dienst (kurzer Trommelwirbel).
Wir versprechen Mut und Ritterlichkeit zu jeder Zeit und überall (kurzer Trommelwirbel)."

Heidrun Henze merkt hierzu an: „Diese Eidesformel wird von einer Gruppe gesprochen, gegen Ende steigen Lautstärke und Höhe der Stimmlage an" (ebenda: 22).

Das frisch nach Nazi-Ritual vermählte Ehepaar Rosemeyer/ Beinhorn befand sich also im besten Einvernehmen mit den Vorgaben der SS. Kein Wunder, dass Elly Beinhorn von den Nazis mit einem Orden ausgezeichnet wurde. In ihrem „Fragebogen zum Verlobungs- und Heiratsgesuch" hatte sie auf die Frage nach etwaigen Orden und Auszeichnungen angegeben, das „Germanische Sonnenkreuz I. Klasse" erhalten zu haben (vgl. Frilling 2009: 439). Bei dem „Sonnenkreuz" handelt es sich um das Nazi-Hakenkreuz.

Nach Rosemeyers Tod kam Elly Beinhorn in den Genuss einer weiteren Auszeichnung durch die Nazis: „Ende September (1938, Anm. des Verf.) vertraten Elly Beinhorn und Melitta Schiller (später von Stauffenberg, Anm. des Verf.) das NSFK (Nationalsozialistisches Flieger Korps, Anm. des Verf.) bei der Eröffnung des Flughafens Chigwell östlich von London und auf einem weiteren Frauenflugtag in Romford" (Zegenhagen 2007: 246). Bei dieser Gelegenheit versäumte sie es nicht, vor einer großen Hakenkreuzfahne zu posieren. All dies geschah wohl „auf Anordnung des NSFK" (Medicus 2012: 144). Weshalb folgte Elly Beinhorn der „Anordnung des NSFK", weshalb ließ sie es sich gefallen, „von der (sic!) NSFK plötzlich nach England abkommandiert zu werden?" (ebenda). Die Funktion dieser Veranstaltung bestand darin, „im Ausland für das Dritte Reich propagandistisch gut Wetter zu machen" (ebenda). Sie trat dort als offizielle Repräsentantin einer Nazi-Organisation und des NS-Staates auf.

Der Motorsport, den Elly Beinhorn und Bernd Rosemeyer beide liebten, war auch in der Nachkriegszeit noch durch den „Geist des NS-Jetsets" geprägt. „Der Motorsport im Dritten Reich war politisch gewesen. Wie schon vor 1945 ging es auch jetzt nicht nur um Sieg und Ehre, sondern auch um Macht und noch mehr um sehr viel Geld" (Westemeier 2014: 542).

Die Zeitschrift „Auto, Motor und Sport" war der Dreh- und Angelpunkt eines Zirkels ehemaliger Nazis. Sie gehörte zur Verlagsgruppe Paul Pietsch, zu der auch der Motorbuch Verlag gehörte. Chefredakteur war Uli Wieselmann, der als rechtskonservativ, jedoch politisch nicht belastet galt; dazu gehörten auch Mercedes-Rennleiter Alfred Neubauer, SS-Rennfahrer Huschke van Hanstein und der SS-Kriegsverbrecher Jochen Peiper, dem u. a. das Malmedy-Massaker (vgl . Westemeier 2014: 332 ff) zur Last gelegt wird, – teilweise also alte Bekannte von Rosemeyer. Peiper war lange Zeit Adjutant und persönlicher Vertrauter von Heinrich Himmler. Paul Pietsch war 1935 für ein halbes Jahr Stallgefährte von Rosemeyer gewesen und feierte seinen größten Rennfahrererfolg 1939. Pietsch war in keiner NS-Organisation und konnte trotzdem Karriere machen. Dies widerlegt die Behauptung der Rosemeyer-Anhänger, dieser sei zum Eintritt in die SS gezwungen gewesen, wenn er denn Rennen fahren wollte.

Die Ehefrau von Pietsch hatte seinerzeit Furore gemacht, als sie ein Verhältnis mit dem italienischen Rennfahrer-Star Achille Varzi begann, der 1936 offiziell den Grand-Prix von Tripolis gewann. Dieser Sieg war jedoch manipuliert – und zwar von den Nazis, die aus politischen Gründen, um Spannungen mit Mussolinis Italien abzubauen, den lange Zeit führenden Hans Stuck dazu veranlassten, Varzi gewinnen zu lassen. Dieser geriet dermaßen in Zorn, als er den Betrug entdeckte (Italo Balbo, Gouverneur von Libyen und Schirmherr des Rennens, sprach einen Toast aus auf den „tatsächlichen Sieger" und hob dabei sein Glas in Richtung von Hans Stuck), dass er sich von Ilse Pietsch im Hotelzimmer mit Morphium beruhigen ließ. Beide galten von nun an als rauschgiftsüchtig und wurden zum ersten prominenten Fall von Drogenmissbrauch im internationalen Rennsport (vgl. Frilling 2009: 44).

Der Massenmörder Jochen Peiper bewegte sich „mit Ehefrau Sigurd und seinen Freunden nach seiner Haftentlassung in einem von der SS geprägten Milieu" (ebenda: 644). Peiper übersetzte für den Motorbuch Verlag militärhistorische und militärtechnische Bücher aus dem Englischen. Dabei benutzte er das Pseudonym „Rainer bzw. Richard Buschmann" (ebenda: 784, Anm. 136 bzw. 601). Der „Motorbuch Verlag" bot alten Nazis Publikationsmöglichkeiten. Peiper schrieb z. B. in einem Motorrad-Rennfahrer Buch des Nazi-Arztes Benno Müller: „Ob man dabei das Bildnis eines antiken Kriegers betrachtet oder den Holzschnitt vom alten Frundsberg, das Foto eines Stoßtruppenführers aus dem vergangenen Krieg oder ein Rennfahrerprofil unterm Sturzhelm. Sie alle gehören zur gleichen verwegenen Sippe, der Kampf hatte sie gezeichnet" (Westemeier 2014: 551). Klemperer benutzte ähnliche Vergleiche, freilich mit entgegengesetzter Intention.

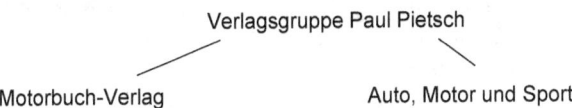

(= „Hausverlag" der Fa. Porsche, vgl. ebenda: 601)

Auffällig ist hier – wie bei vergleichbaren Autoren dieser Zeit – die militärische Terminologie Peipers, die sich oft eines Wortschatzes bedient, die aus der Sprache des Dritten Reichs stammt und dem Leser verrät, dass er noch immer mit dem Nationalsozialismus sympathisiert.

Wie Peiper und viele andere nutzte auch Elly Beinhorn nach dem Unfalltod Bernd Rosemeyers die alten Nazi-Seilschaften, und zwar bis weit in die Nachkriegszeit hinein. So fand sie Unterschlupf bei der berüchtigten „Kiehn-Connection" im baden-württembergischen Trossingen. Auch Bernd Rosemeyer jr. war dabei und wuchs in diesem Umfeld auf.

Fritz Kiehn war ein überaus ehrgeiziger Unternehmer, der aus kleinen Verhältnissen stammte und der durch seine Ressentiments gegenüber dem traditionellen Großbürgertum und seine ideologische Zuverlässigkeit die Nationalsozialisten frühzeitig auf sich aufmerksam gemacht hatte. Zeitweise gelang es Kiehn, Beziehungen zu pflegen, die bis an die Spitzen des NS-Regimes heranreichten.

Nach dem Krieg „machte Kiehn sein Unternehmen zu einem Refugium für ehemalige Nationalsozialisten. Die braune Vergangenheit des Patriarchen prägte das Familienleben noch bis in die 60er Jahre. Nach seiner Entlassung aus der Spandauer Haft fand der einstige Reichsjugendführer Baldur von Schirach im Hause Kiehn Aufnahme, und schon etliche Jahre zuvor hatten dessen Sohn und sein ehemaliger Adjutant in die Unternehmerfamilie eingeheiratet" (Berghoff/Rauh-Kühne 2000: 16).

In der Wertschätzung Kiehns durch seine Heimatstadt Trossingen „spiegelt sich ein in der Nachkriegszeit häufig anzutreffendes Wahrnehmungsmuster wider, demzufolge viele Menschen in ehemaligen NS-Repräsentanten „anständige Leute" erblickten" (ebenda). Ähnliches gilt ja auch in Lingen, wo sich SS-Rosemeyer noch heute einer treuen Anhängerschaft erfreuen kann.

Der Papierwarenfabrikant Kiehn war „bereits ein Jahr nach Machtübernahme Hitlers in den Aufsichtsräten zweier jetzt – angesichts der nationalsozialistischen Motorisierungspolitik – äußert profitträchtig erscheinenden württembergischen Unternehmen der Fahrzeugindustrie anzutreffen. Im Rahmen von Gleichschaltungsmaßnahmen übernahm er 1934 Aufsichtsratsmandate bei den NSU-Werken in Neckarsulm und der C.D. Magirus AG" (ebenda: 90). Möglicherweise datieren bereits aus dieser Zeit die freundschaftlichen

Kontakte Kiehns zu dem damaligen NSU-Werksfahrer Bernd Rosemeyer.

„Mit Sicherheit [...] gehört Kiehn gerade in den letzten Monaten des „Dritten Reichs" zum Kreis derjenigen, mit denen der Reichsführer-SS persönlichen Kontakt pflegte. Kiehns Rückhalt in der SS gründete auch auf verwandtschaftlichen Beziehungen" (ebenda: 144 f.). Kiehns Schwiegersohn Fähndrich „arbeitete in einer jener administrativen Schaltstellen, die den Rassenwahn des Regimes in massenmörderische Realität verwandelten". Er ist anzusehen als „Praktiker des Völkermordes" (ebenda: 146).

Kiehn war ein Autonarr und pflegte freundschaftliche Beziehungen zu Bernd Rosemeyer. Nach dessen Unfalltod 1938 setzte Elly Beinhorn diese Beziehung fort. 1943 zog sie mit ihren Kindern nach Trossingen, wo auch Kiehn residierte, um sich vor den alliierten Bombenangriffen auf Berlin in Sicherheit zu bringen.

Elly Beinhorn erklärt dazu: „In Trossingen. Oben auf der windigen Baar, 750 Meter hoch. Eine junge Freundin (Gretl Kiehn, Anm. des Verf.) aus der Zeit mit Bernd hatte sich unser erbarmt und uns ihre entzückende praktische kleine Wohnung in einem netten Zweifamilienhaus im Grünen überlassen" (Beinhorn 1977: 292).

Elly Beinhorn war 1949 Trauzeugin ihrer Freundin Gretl Kiehn, der Tochter Fritz Kiehns, die 1949 den von Himmler protegierten Konstrukteur Hans Trippel heiratete. Trippel hatte bis 1933 an einem Rennwagen experimentiert und später ein Amphibienfahrzeug – den „Trippel-Schwimmwagen" – entwickelt. Dieser hatte nur mäßigen Erfolg. Als Unternehmer setzte er in seinen Produktionsstätten zu einem erheblichen Teil KZ-Häftlinge ein, von denen die meisten aufgrund mangelhafter Ernährung und fehlender medizinischer Betreuung zu Tode kamen. Trippel praktizierte die „Vernichtung durch Arbeit". Ob Trippel persönlich auch vor seiner Heirat mit Rosemeyer/Beinhorn bekannt war, lässt sich nicht mit Sicherheit sagen. Immerhin ließ er sich gern als „Autokonstrukteur" bezeichnen, war „Rennwagenkonstrukteur" – jedenfalls nach eigener Wahrnehmung –, was eine gewisse Affinität zu den Rosemeyers begründet hätte.

Wie dem auch sei – durch ihre Funktion als Trauzeugin erwies Elly Beinhorn sowohl Trippel als auch dem Clan der Kiehns einen Freundschaftsdienst, der auf intime Kenntnis der beteiligten Personen und damit ihrer Verstrickung in das NS-Regime bzw. – wie im Fall Trippel – auf ihre aktive Rolle als Massenmörder schließen lässt (vgl. hierzu: Berghoff/Rauh-Kühne 2000: 251–257). Nach 1950 erklärte der damalige DGB-Bezirksleiter Fleck über Trippel: „daß dieser Mann einmal ein aktiver Kämpfer für das Dritte Reich war, könnte man übersehen, daß er es aber unserer Auffassung nach heute noch ist", hielt er für „umso schlimmer" (vgl. ebenda: 257).

Bezüglich der Person Kiehns ist daran zu erinnern – und auch das muss Elly Beinhorn gewusst haben (wenn sie nicht gar persönlich dabei war) – dass „mit Himmler [...] 1944/45 wiederholt der Mann bei den Kiehns (weilte), der nach Hitler die größte Verantwortung für den millionenfachen Mord an den Juden trug und bei dem alle Stränge des Terrorapparats zusammenliefen" (ebenda: 266).

Die Ehefrau Kiehns, Berta, galt in politischen Dingen als überzeugter, „härter" und noch fanatischer als ihr Ehemann. Diese glühende Nationalsozialistin hatte schon 1933 als einzige Frau in Begleitung des später zum Tode verurteilten Lagerkommandanten die Konzentrationslager Heuberg und Kuhberg besucht. Sie wusste nachweislich, was die Nationalsozialisten mit Juden und ihren politischen Gegnern machten. Auch soll sie sich – laut Berghoff/Rauch-Kühne 2000 – als aktive Denunziantin betätigt haben, was für die Betroffenen schlimmste Folgen hatte.

Ihrer Haltung als überzeugte Nationalsozialistin entsprach auch ihre Funktion als „Kreisfrauenschaftsleiterin". Demgegenüber behauptete ihr Anwalt in Berta Kiehns Entnazifizierungsverfahren, sie sei „in Wirklichkeit [...] nur sozial, karitativ und helfend, in keiner Weise aber politisch tätig" gewesen. Sie habe sich den Aufgaben gewidmet, „die ihr als Hausfrau und Mutter besonders lagen [...]. So habe sie „Kurse in Hauswirtschaft, Ernährungswissenschaft, Krankenpflege, Säuglingspflege, Betreuung von Kranken und Verwundeten" erteilt [...]. Das war der „klassische" Entlastungsdiskurs, wie er sich bis zum Sommer 1948 bereits in den Spruchkammerverfahren zahlreicher NS-Aktivistinnen bewährt hatte" (ebenda: 232). Als Frauen, so ließen sie in stereotyper Weise argumentieren, hätten sie zur NS-Zeit nichts mit Politik zu tun gehabt, weil sie mangels Interesse davon auch gar nichts verstanden hätten.

Auch Elly Beinhorn behauptet – ähnlich wie Berta Kiehn oder auch Leni Riefenstahl – gänzlich unpolitisch gewesen zu sein. Dies hinderte sie nicht daran, diese generell praktizierte Entlastungslinie führender Nazi-Frauen durch ihre Zeugenaussage zugunsten Berta Kiehns zu stützen. Diese Entlastungszeugnisse – bei Berta Kiehn 36 an der Zahl – waren „durchweg „Persilscheine", die für Kenner des Kiehnschen Verkehrskreises unschwer als Gefälligkeitsatteste zu erkennen" (ebenda: 23) waren.

Es ist schwer vorstellbar, dass ausgerechnet Elly Beinhorn nicht von den NS-Verstrickungen ihrer Freundin Berta Kiehn gewusst haben soll. Auch Fritz Kiehn, nach Einschätzung der französischen Militärregierung „un des plus grands Nazis de l'Allemagne" (ebenda: 245) vermochte es, sich mit einem beachtenswerten Maß an Dreistigkeit von den meisten Vorwürfen reinzuwaschen. In einem Gespräch mit dem Tuttlinger Kreisgouverneur Estrade 1951 erklärte er „feierlich seine antinationalsozialistische Gesinnung" und verstieg sich zu der Behauptung: „Sie kennen meine Akte, also wissen Sie, daß ich immer gegen den Nationalsozialismus gekämpft habe" (ebenda: 245).

Der französische Geheimdienst hatte allerdings ermittelt, „daß prominente Parteimitglieder wie Gregor Straßer, Wilhelm Frick, Martin Bormann, Wilhelm Kube, Gottfried Feder und Gertrud Scholtz-Klink wiederholt bei Kiehn zu Gast gewesen waren und Kiehn als Mitglied im Persönlichen Stab RFSS (Reichsführer-SS, Anm. des Verf.) das Vertrauen aller hohen „éminences SS" gehabt habe, wie des SD-Chefs Heydrichs, des Chefs des persönlichen Stabes Reichsführer-SS, Karl Wolff, des Chefs des SS-Hauptamts, Gottlob Berger, Hermann Fegeleins, des Verbindungsoffiziers Himmlers im Führerhauptquartier, und Professor Karl Diebitsch, Leiter des für künstlerische Fragen zuständigen SS-Amtes in München. So war das Bild von Kiehn als „propagandiste No. 1" des Nazi Regimes in Süddeutschland entstanden" (ebenda: 246). Elly Beinhorn kann all dies als enger Freundin der Familie Kiehn nicht entgangen sein.

Zu der Zeit (1949), als Elly Beinhorn sich – nicht zuletzt aufgrund ihrer Funktion als Trauzeugin bei der Eheschließung von Kiehns Tochter Gretl mit dem bereits genannten Hans Trippel – besonders enger freundschaftlicher Beziehungen zum Hause Kiehn erfreute, tauchte dort auch die Witwe Viktor Bracks mit ihren sechs Kindern auf. „Viktor Brack, einer der Hauptorganisatoren der mörderischen Menschenversuche in Auschwitz und des Euthanasie-Programms T4, dem ca. 50.000 Kinder und Erwachsene, Gesunde und Kranke zum Opfer fielen, war im Nürnberger Ärzteprozess zum Tode verurteilt und 1948 in Landsberg hingerichtet worden" (ebenda: 286). Ein Sohn Bracks wurde später in Kiehns Unternehmen „untergebracht".

Mit Elly Beinhorn teilte Fritz Kiehn auch ein Faible für die Jagd, insbesondere für die Großwildjagd in Afrika. Dadurch ergaben sich durchaus prestigeträchtige Bekanntschaften,

z. B. zu der damals prominenten Großwildjägerin Margarete Trappe und dem deutschen Generalkonsul von Stackelberg in Nairobi (vgl. ebenda: 302).

Elly Beinhorn geht darauf folgendermaßen ein:

„Meine Freundin Gretl (Kiehn, Anm. des Verf.) rief an. „Du ich habe einen Vorschlag – und gleichzeitig eine Bitte. Ich hoffe, du springst an die Decke!" – „Schieß schon los, Kleines!" – „Du weißt doch, ich wollte mit Vater und Fritz nach Ostafrika, aber ich kann nicht fort. Einer von uns muß im Werk bleiben, und das bin in diesem Fall ich. Also kurz und gut: Willst du mitgehen? Mir wäre es ein sehr beruhigender Gedanke, wenn du dich etwas um den alten Herrn kümmern würdest." (Beinhorn 1977: 316).

Fritz Kiehn erwarb damals – als reines Prestigeobjekt – eine Farm im ehemaligen „Deutsch-Ostafrika", was sich wirtschaftlich als ein totaler Fehlschlag erwies, aber gewisse neokolonialistische Gelüste, die auch Elly Beinhorn nicht fremd waren, befriedigte. Über ihre enge persönliche Freundschaft zu der Familie Kiehn hatte Elly Beinhorn – im Gegensatz zu ihren eigenen Behauptungen – wiederholt Kontakte zu Top-Nazis und Massenmördern. Sie verarbeitete ihre Rolle in der NS-Zeit in einer ähnlichen Weise wie Henriette von Schirach, die als ehemalige „top-ranking-Nazi-woman" dies in ihrem Buch „Der Preis der Herrlichkeit" (von Schirach 1981) in dankenswerter Weise offen legte.

Im Gegensatz zu den Behauptungen ihrer Anhänger gehörten Bernd Rosemeyer und Elly Beinhorn zu einem erlauchten Kreis von besonders bevorzugten Repräsentanten des NS-Regimes, die auf nationaler und internationaler Ebene als hocheffiziente Identifikationsfiguren für das Dritte Reich auftraten. Im Falle Elly Beinhorns setzte sich die Protektion durch alte Nazi-Seilschaften bis in die Nachkriegszeit hinein bruchlos fort.

2. Wie kam Bernd Rosemeyer zur SS?

> „Ich verpflichte mich, mich für die Idee Adolf Hitlers einzusetzen, strengste Parteidisziplin zu wahren und die Anordnungen der Oberleitung der Schutzstaffeln und der Parteileitung gewissenhaft auszuführen. Ich bin Deutscher, bin arischer Abstammung, gehöre keiner Freimaurerloge und keinem Geheimbunde an und verspreche, die Bewegung mit allen meinen Kräften zu fördern."
>
> (SS-Aufnahme- und Verpflichtungsschein)

Um den Eintritt Rosemeyers in die SS, die „Schutz Staffel" der NSDAP, streiten die Geister, und es kursieren verschiedene Versionen darüber, die erstaunlicherweise nur in einem Punkt übereinstimmen, dass nämlich Rosemeyer keinesfalls aus politischer Überzeugung zur SS gestoßen sei:

- Seine Familie sagt, er sei „über den Lingener Sportverein, für den er einmal Motorrad fuhr, zur SS gekommen [...], ohne dass er groß um seine Meinung gefragt wurde" (Bechtluft 2009: 20). Laut „Lingener Tagespost" vom 13.06.2015 soll Elly Beinhorn den Vorgang folgendermaßen dargestellt haben: „Es fing damit an, dass der Bernd natürlich Mitglied im Motorsportclub in seiner Heimatstadt Lingen gewesen war. Nachdem alle gleichgeschaltet waren, fand er sich plötzlich in der Motor-SS wieder". Bisher gibt es keine Information über einen angeblichen Motorsportverein im Lingen der 30er Jahre; Bechtluft (2009: 22) spekuliert, es könne sich stattdessen um einen Verein bei der NSU in Neckarsulm gehandelt haben, wo Rosemeyer Mitglied war. Also „mitgefangen – mitgehangen". Jedenfalls dürfte auch diese Information

wohl eher zu den „alternativen Fakten" gehören, mit denen Rosemeyers SS-Mitgliedschaft verharmlost werden soll. Rosemeyer nahm möglicherweise zeitweilig an den wöchentlichen Treffen eines in Nordhorn bestehenden SA-Motorrad-Sturms teil, was mit seiner Aussage im SS-Verlobungs- und Heiratsgesuch, vor seinem Eintritt in die SS 1932 „zwei Monate vorher" Mitglied der SA gewesen zu sein, korrespondiert.
- Bei „www.historicracing.com/driver"– ein Autor wird hier nicht genannt – heißt es in Bezug auf die sehr publicityträchtige Beziehung zwischen Rosemeyer und der schon damals berühmten Fliegerin Elly Beinhorn: „Their celebrity relationship was too good an opportunity to miss for the Nazi Party and Heinrich Himmler chose to make him a member of the SS, an ‚honour' he would have been unwise to refuse (Übersetzung durch den Verf.: „Ihre Promi-Beziehung war für die Nazipartei eine zu gute Chance, die man nicht vergeben durfte, und so entschied Heinrich Himmler, ihn zum Mitglied der SS zu machen. Es wäre unklug von ihm gewesen, diese Ehre zurückzuweisen"). Demnach wäre Rosemeyer von Himmler persönlich zu einem Eintritt in die SS aufgefordert worden – und zwar erst, nachdem er Elly Beinhorn „am 29. September 1935 am Schluss des Masaryk-Rennens in Brünn" (Beinhorn 1938: 9) kennengelernt hatte. Das kann allerdings nicht sein, denn Rosemeyer selbst gab 1932 bzw. 1933 als Jahr seines Eintritts in die SS an.
- Auch eine weitere Lesart gehört eher in das Reich der Fabeln: Die englische Fassung von Wikipedia behauptet wahrheitswidrig, Heinrich Himmler hätte einem *widerstrebenden* Bernd befohlen, Mitglied der SS zu werden („Heinrich Himmler ordered a reluctant Bernd to become a member of the SS") und beruft sich dabei auf einen

Autor namens Leif Snellman (vgl. http://www.kolumbus.fi/leif.snellman/elly100.htm).
- Thomas C. O'Keefe behauptet, Rosemeyer sei unfreiwillig in die SS gehievt worden („the SS, which Bernd had been unvoluntarily drafted into") (http://www.kolumbus.fi/leif.snellman/elly100).
- Im Internet findet man bei „Bernd Rosemeyer & Auto Union Type C historic photo print" ein Angebot zum Ankauf eines Rosemeyer-Fotos. In den „additional information" zu diesem Foto wird behauptet, Rosemeyer habe die Beförderung zu einem „SS officer rank", mit der Himmler ihn belohnen wollte, zurückgewiesen („This is what is LIKE A BOSS means today. Just like his rejection of the SS officer rank, he was awarded from Heinrich Himmler", Quelle: https://simply petrol.com/gallery/photo-prints/Bentley-s2-flying-b-photo-art-print/).

Auch diese Aussage ist frei erfunden, und man muss sich die Frage stellen, wie solche beschönigenden Verdrehungen der Wahrheit an die jeweiligen – in diesem Falle ausländischen – Autoren gelangt sind. Wer hat sie mit diesen „alternative facts" gefüttert?

Es kursieren also bis zum heutigen Tag fünf verschiedene Versionen über diesen Vorgang:

1.) Rosemeyer geriet über seinen Lingener Sportverein und ohne eigenes Zutun in die SS.
2.) Rosemeyer wurde über einen Motorsportverein bei der NSU in Neckarsulm quasi automatisch SS-Mitglied.
3.) Heinrich Himmler höchstpersönlich machte ihn zu einem SS-Mann.
4.) Himmler befahl einem widerstrebenden Bernd Rosemeyer, der SS beizutreten.

5.) Bernd Rosemeyer wies eine Beförderung in einen „SS officer rank" zurück (!) – und war wohl in Wirklichkeit gar kein SS-Mitglied?

Merkwürdigerweise zieht keine der hier genannten Quellen die Möglichkeit in Betracht, dass Hauptsturmführer Rosemeyer aus Überzeugung der SS beigetreten sein könnte, was – jedenfalls nach heutigem Stand der Forschung – keineswegs ausgeschlossen werden kann. Rosemeyer jr. wiegelt ab: „Zur Frage nach der SS-Zugehörigkeit sagte sein Sohn […]: „Es ist ein winziger Teil seines Lebens, der aufgeblasen wird. Die ganze Welt ist stolz auf ihn."" (Grafschafter Nachrichten vom 29.06.2009, zit. nach: Bechtluft 2009: 56).

War es tatsächlich so, dass man zu Beginn der 30er Jahre noch den Eindruck haben konnte, die SS sei n i c h t die „verbrecherische Organisation", zu der sie später in den Nürnberger Kriegsverbrecher-prozessen erklärt wurde? Konnte Bernd Rosemeyer also gar nicht ahnen, welche Verbrechen die SS begehen würde – oder bereits zu Rosemeyers Lebzeiten, also in dem Zeitraum 1932–1938, den Jahren, in denen Rosemeyer Mitglied war, schon tatsächlich beging? Lässt die Wahrheit Raum für die exkulpierende Erklärung des ehemaligen Lingener Stadtarchivars Ludwig Remling, wonach Rosemeyer nur ein „Individualist reinsten Wassers" gewesen sei, der aus Karrieregründen Mitglied der SS geworden sei, weil diese als elitär und besonders angesehen galt? Wollte also Rosemeyer sich nur in der prominenten Umgebung „adeliger Sportsmänner" sonnen (vgl. Bechtluft 2009: 9)? Hierauf wird später noch genauer einzugehen sein. Zunächst soll die Frage beantwortet werden, wie die SS Rosemeyers im Vergleich zu anderen motorsportaffinen Organisationen der NS-Zeit zu bewerten ist. Lässt sich der elitäre Anspruch, mit dem die SS auftrat und der auch Rosemeyer gefallen zu haben scheint, aufrechterhalten?

3. Die SS – eine Elite?

> „In der SS wimmelte es vor eifernden Scharfmachern."
>
> (Franz-Josef Strauss)

Es ist dokumentiert, dass Rosemeyer selbst 1932 als Jahr seines Eintritts in die SS angab, spätestens war er aber seit 1933 SS-Mann. Freilich scheint es so zu sein, dass sich die „Motor-SS", also die „Motorstürme der SS" offensichtlich „mit ihrem elitären Nimbus besonderer Beliebtheit erfreuten" (Becker/Schäfer 2014: 17). Allerdings waren „Denkweisen wie „Reinrassigkeit", „Führerprinzip" und ein Geschichtsbild auf der Basis von „Blut und Boden" [...] auch im konservativen Bürgertum der Weimarer Zeit verbreitet. Aus dieser Schicht stammen „bürgerliche Funktionäre", [...] die keine Nationalsozialisten im engeren Sinn waren, aber doch Funktionen im NS-Regime wahrnahmen" (ebenda:. 18). Dabei war die Mitgliedschaft in der elitären SS „oft der erste Schritt zur aktiven Teilnahme an NS-Verbrechen bis hin zum Holocaust" (ebenda). Dies blieb Bernd Rosemeyer wegen seines frühen Todes erspart; vergleichbare Biografien zeigen jedoch, dass seitens der meisten SS-Kameraden Rosemeyers eine Distanzierung vom Nationalsozialismus unterblieb. So auch in der „Kiehn-Connection", wo Elly Beinhorn und ihr Sohn Bernd Rosemeyer jr. Unterschlupf fanden.

Aber auch die Motor-Stürme der frühen 30er Jahre waren keineswegs nur „eine motorisierte Sporttruppe, deren Mitglieder an Motoren schraubten, vergnügliche Ausfahrten unternahmen, Motorsport betrieben, bei Aufzügen der Partei halfen und sich um die Verkehrssicherheit im Lande kümmerten" (Hochstetter 2005: 4). Sie waren also nicht „eine Art

ADAC" (ebenda), wie manche es der Nachkriegsöffentlichkeit weismachen wollten.

Oft wird die Frage gestellt, weshalb Rosemeyer es nicht bei einer Mitgliedschaft im NSKK bewenden ließ. Daneben gab es ja auch noch die Motor-SA. Die waren doch vergleichsweise „harmloser" als die SS, oder?

Hierzu hat sich Dorothee Hochstetter ausführlich geäußert:

> „Die separate Anweisung des Reichsführers-SS Heinrich Himmler vom 21. März 1931 über Ausbildung und Verwendung der SS-Stürme zeigt [...], dass die SS in der Frage der Motorisierung, wie auch in anderen Bereichen, um Eigenständigkeit bemüht war" (ebenda: 33). Ansonsten entsprachen „die Ausbildung, der Aufbau und der Zweck der SS-Motorstürme [...] den SA-Motorstürmen, allerdings mit dem Unterschied, dass die Motor-SS ausschließlich der SS-Führung zur Verfügung stand" (ebenda). Es gab also eine „Teilautonomie" der Motor-SS. „Die Angehörigen der SA- und SS- Motorstürme leisteten regelmäßige „Dienste", die kraftfahrtechnische Übungen und weltanschauliche Unterrichtseinheiten beinhalteten" (ebenda: 36). Dies sah im Einzelnen so aus: „Am Sonntag stand zumeist der Fahrdienst mit Übungs- und Propagandafahrten auf dem Programm. 1932 fand zweimal im Monat ein Theorieunterricht statt, in dem Übungsaufgaben wie z. B. der Einsatz der Motorsturm- Formationen bei Verteidigung und Angriff und bei „bolschewistischen Unruhen" besprochen wurden [...]. Auf dem Dienstplan standen verkehrstechnische Unterweisungen, Kartenlesen, Kleinkaliberschießen, der Aufbau von Musik- und Spielmannszügen, Vorschriften über das Verhalten bei politischen Zusammenstößen sowie weltanschauliche Vorträge" (ebenda). Bei den Motorstürmern hatte sich schon früh eine besondere Identität herausgebildet. Es handelte sich bei ihnen um „Motorkämpfer". Was Hitler 1933 über den SA-Motorsturm sagte, galt natürlich auch für den SS-Motorsturm: Die Motor-

stürme hatten laut Hitler mit ihrer „Maschine verwachsen" zu sein „wie die Hunnen mit ihren Pferden" (ebenda: 36). Dem entsprach natürlich Bernd Rosemeyer mit seinen Motorrad-Kapriolen (Er wurde z.B. gesichtet, wie er mit ausbreiteten Armen auf seinem fahrenden Motorrad stand), mit denen er die Straßen des Emslands unsicher machte, in vollem Umfang. Die Macht des Motors potenzierte die dem Motorstürmer „zur Verfügung stehende Kampfkraft um ein Vielfaches [...]. Der Einsatz des Fahrzeugs bot dem Motorstürmer außerdem die Möglichkeit, ein besonderes Maß an Einsatzbereitschaft zu demonstrieren" (ebenda). Bei den Motorstürmern konnte man von einem besonderen Maß an „Einsatzbereitschaft" und „Opferwillen für die Bewegung" ausgehen (vgl. ebenda). NSKK-Führer Hühnlein rief 1932 die NS-Kraftfahrer auf: „Es gilt nunmehr, anknüpfend an unsere stolze Geschichte, die nationalsozialistische Motorisierung zum Endkampf zu rüsten. Als der beweglichste Teil der braunen Front gehören wir in die vorderste Linie" (ebenda: 3). Hier dürfte sich auch Bernd Rosemeyer angesprochen gefühlt haben – egal, ob er schon Mitglied der SS war, wie er selbst in seinem Heiratsersuchen angegeben hatte, oder ob er noch kurz vor einer Mitgliedschaft stand. Rosemeyer selbst gibt in seinem Lebenslauf an, vor seinem Eintritt in die SS Mitglied der SA gewesen zu sein. Im Blog „Forum der Wehrmacht" äußert sich ein Autor namens Westermann so: „Vermutlich gehörte Rosemeyer aufgrund seiner Fähigkeiten und der väterlichen Werkstatt zu einer Kraftfahreinheit. Diese wurde für die Werbe- und Einsatzfahrten gerade im ländlichen Bereich benötigt. Die Kraftfahreinheiten bzw. Motoreinheiten gab es bereits 1932. Hier könnte Rosemeyer aktiven Dienst getan haben. Nach 1933 wird er aufgrund seiner Tätigkeit als Rennfahrer vom SS-Dienst freigestellt worden sein" (Westermann am 22. November 2012 im „Forum der Wehrmacht").

In der „Kampfzeit" erwarb sich schon die Motor-SA den zweifelhaften Ruf, mit blitzschnellen „Invasionen von 200 bis 300 SA-Männern" z.B. sozialdemokratische Versammlungen zu sprengen. Diese Aktionen entwickelten sich zu einem Charakteristikum der Propagandataktik der SA in den ländlichen Gebieten. Die SS stand der SA natürlich keineswegs nach. Im Gegenteil. Stefan Zweig liefert für diese Aktionsform ein typisches Beispiel:

> „In einem der Grenzorte, wo gerade eine sozialdemokratische Versammlung in friedlichster Weise abgehalten wurde, sausten plötzlich vier Lastautos heran, jedes vollgepackt mit Gummiknüppel tragenden nationalsozialistischen Burschen, und genau wie ich es damals in Venedig am Markusplatz gesehen, überrumpelten sie die Unvorbereiteten durch Geschwindigkeit. Es war dieselbe, den Faschisten abgelernte Methode, nur noch militärisch präziser eingedrillt und im deutschen Sinn bis ins Kleinste systematisch vorbereitet. Blitzschnell sprangen auf einen Pfiff die SA-Männer von den Autos, hieben mit ihren Gummiknüppeln auf jeden ein, der sich ihnen in den Weg stellte, und waren, ehe die Polizei eingreifen oder die Arbeiter sich sammeln konnten, schon wieder auf die Autos aufgesprungen und sausten davon. Was mich verblüffte, war die exakte Technik dieses Ab- und Aufspringens, das jedes Mal auf einen einzigen scharfen Pfiff des Rottenführers erfolgte. Man sah, jeder einzelne Bursche wußte im Voraus bis in Muskel und Nerv, mit welchem Griff und bei welchem Rad des Autos und an welchem Platz er aufzuspringen hatte, um nicht dem Nächsten in den Weg zu kommen und dadurch das Ganze zu gefährden. Es war keineswegs persönliche Geschicklichkeit, sondern jeder dieser Handgriffe mußte dutzende und vielleicht hunderte Male im Voraus in Kasernen und auf Exerzierplätzen geübt worden sein. Von Anfang an – das zeigte dieser erste Blick – war diese Truppe auf Angriff, Gewalt und Terror geschult" (Zweig zit. nach: Frilling 2009: 154).

Der Beinhorn-Rosemeyer-Freund Rolf Italiaander berichtet mit unverhohlener Bewunderung über solche faschistische Überfälle – hier am Beispiel der italienischen Faschisten:

„In den „roten Jahren" nun kamen hier nicht allein die Händler zusammen, sondern auch die Verbandsführer der Provinz, die Leiter der Gemeinden und der Arbeitskammern. Eines Montags überfiel die kleine Schar der Anhänger Balbos (Marschall Italo Balbo, zweitweise Stellvertreter Mussolinis und persönlicher Freund von Rosemeyer/Beinhorn, Anm. des Verf.) – allen voran er selbst – mit Knüppeln bewaffnet diese sozialistische Versammlung unter freiem Himmel. Sie hieben auf die Versammelten ein und gaben nicht eher Ruhe, als bis auch die letzten vom Platze verschwunden waren. Man hat sich später oft gefragt, wie es möglich war, daß eine so kleine Gruppe von Männern mit einer wirklichen Übermacht fertig werden konnte, besonders bei einer so primitiven Kampfmethode. Es ist anzunehmen, daß die Faschisten wie die Berserker loswüteten und den halben Sieg allein schon wegen ihrer Kühnheit errangen" (vgl. Frilling 2009: 153).

Mitglieder der Motor-SS mussten nicht unbedingt NSDAP-Mitglieder sein, sie standen der Partei aber am nächsten, und gut die Hälfte von ihnen hatte auch das Parteibuch der NSDAP. Sie war eben die „Schutzstaffel der Partei". Auch NSKK-Mitglieder mussten nicht notwendig der NSDAP, der Motor-SA oder -SS angehören, Doppelmitgliedschaften waren jedoch möglich.

Aufgrund der Aktionen der SS im Kontext des Röhm-Putsches 1934 waren die „Beziehungen zwischen NSKK und SS, insbesondere zwischen Hühnlein und Himmler [...] auch für die Zukunft belastet" (Hochstetter 2005: 69 f.). Immerhin soll ein Gruppenstaffelführer der Motor-SA von SS-Männern erschossen worden sein (vgl. ebenda: 70, Fußnote 40). Motor-SA und NSKK wurden nach dem Röhm-Putsch aus der Befehlsgewalt der SA herausgelöst. „Beide Formationen wurden zu einer Gliederung, dem „Nationalsozialistischen Kraftfahrkorps" (NSKK), zusammengefasst und der Befehlsgewalt des Chefs des Kraftfahrwesens, SA-

Obergruppenführer Adolf Hühnlein, übergeben" (ebenda: 70).

„SS-Motorstaffeln, die Hühnlein [...] zuvor ebenfalls befehligt hatte, wurden in die SS eingegliedert. Die SS war bereits am 20. Juli 1934 in eine selbständige Gliederung verwandelt worden" (ebenda). Alle drei Organisationen. SA, SS und NSKK, wurden als „wichtige Stütze im Staat" angesehen: „Sie sind der Garant, der eiserne Arm der Bewegung, die Fahnenträger der NSDAP und des nationalsozialistischen Staates. Ihre Aufgaben sind Schutz und Mitwirkung bei der Propagandatätigkeit, Pflege des Frontsoldatengeistes und Erziehung zur Kämpfernatur und Selbstzucht (Blankenburg u. a., zit. nach: Hochstetter 2005: 72).

Auch der Kraftfahrsport inklusive „Durchführung von Veranstaltungen, [...] Zusammenstellung von Mannschaften, die Bildung einer korpseigenen Sportwagen-Mannschaft und [...] die Organisation des internationalen Sportverkehrs" oblag dem NSKK (vgl. ebenda: 82). Weshalb sonderte sich Bernd Rosemeyer hiervon ab? Das NSKK hatte doch auch eine eigene Uniform, ein spezielles „Outfit". Der Rennfahrer von Brauchitsch empfand diese jedoch als „lächerliche Maskerade" – „wie ein zusammengewürfelter Haufen von Feuerwehrhelmen aus Leder" wirke das NSKK, lästerte er (vgl. ebenda: 87). Dennoch war er selbst Mitglied im NSKK, ebenso wie ein Großteil der international erfolgreichen deutschen Rennfahrer. So waren auch Rudolf Caracciola, Ernst von Delius, Karl Gall, Rudolf Hasse, Ewald Kluge, Hermann Lang, Hermann Paul Müller, Hans Stuck und Walfried Winkler Mitglieder der Organisation und trugen Abzeichen des NSKK auf ihrer Rennkleidung. Bernd Rosemeyer wollte aber wohl mit dem NSKK nicht so viel zu tun haben; er fühlte sich in der SS wohler. Allerdings waren auch NSKK-Mitglieder gehalten, „Verbindungen mit Juden abzubrechen" und „keine geschäftlichen und persönlichen Beziehungen zu

Juden zu unterhalten" (ebenda 2005: 97). Trotz regelmäßiger Beteuerung einer absoluten Hitlertreue wurde das NSKK von Mitgliedern von NSDAP und SS nicht als gleichberechtigt wahrgenommen. Oft wurde das NSKK als Organisation denunziert, die für Transportaufgaben zuständig war. Das NSKK sei „ein Autofahrertreff, in dem das gesellige Miteinander am Biertisch" die Hauptsache sei (vgl. ebenda: 99). Ob Mitglied des NSKK oder der SS – die „Helden der Rennbahn hatten große Bereitschaft gezeigt, sich als Aushängeschilder politisch vermarkten zu lassen" (ebenda: 294).

Im NSKK betrug der Anteil der NSDAP-Mitglieder 1935 31,5 Prozent. In der SS waren 48,9 Prozent Parteimitglieder, in der SA nur 23,2 Prozent (vgl. Parteistatistik der NSDAP, Bd. III, München 1935, zit. nach: (ebenda 2005: 107). Man kann also bei der SS von einer größeren Parteinähe sprechen als bei SA und NSKK.

Mitglieder, die vor 1933 der SA oder dem NSKK beigetreten waren, „sind als Förderer der nationalsozialistischen Bewegung einzustufen" (ebenda: 117). Als die NSDAP wegen eines Aufnahmestopps zeitweise keine neuen Mitglieder mehr aufnahm, „bot die Mitgliedschaft im NSKK eine gute Ausgangsbasis, um nach Lockerung der Aufnahmesperre am 1. Mai 1937 in die Partei aufgenommen zu werden" (ebenda: 117). Diese Aussagen lassen sich im Wesentlichen auf die SS übertragen, wobei diese in der Nazi-Hierarchie einen größeren Stellenwert genoss.

Franz-Josef Strauß trat aus Karrieregründen dem NSKK bei, weil er – so sagte er später – das NSKK für eine relativ harmlose NS-Gliederung gehalten habe, „ganz im Gegensatz zur SS, wo es vor eifernden Scharfmachern wimmelte" (ebenda: 118). Die Mitgliedschaft im NSKK sei „eine Art Scheinbekenntnis zum Nationalsozialismus" gewesen, das NSKK „die ideale Organisation für regimedistanzierte Bürger mit beruflichen […] Ambitionen" (ebenda: 119). Rosemeyer jedoch war keineswegs „regimedistanziert", und er wollte auch nicht in den Verdacht geraten, nur ein „Scheinbekenntnis" zum Faschismus abzulegen. Er bevorzugte daher die SS.

Der SS-Motorsturm profitierte wohl auch von dem „außerordentlich starken Interesse am Grand-Prix-Rennsport", das kein geringerer als der SS-Reichsführer Himmler bekundete (vgl. ebenda: 157). Das Prestigeprojekt Hitlers, der Volkswagen, wurde ohne das NSKK realisiert. Die Versuchsfahrten mit 30 Probewagen wurden von einem SS-Sturm durchgeführt (vgl. ebenda: 165). Auch dies bestätigt eine höhere „Wertigkeit" der SS gegenüber dem NSKK und der Motor-SA.

Die SS spielte in der Tat eine prominentere Rolle als das NSKK oder die Motor-SA. Zahlenmäßig war sie jedoch schwächer.

1936, auf dem Höhepunkt von Rosemeyers Karriere, nahmen 16.160 Fahrer an den verschiedenen Rennen teil. „Davon gehörten dem NSKK 8.080 an, der Wehrmacht 4.370, dem DDAC (Der Deutsche Automobil Club – wie der ADAC nach der „Gleichschaltung" hieß, Anm. des Verf.) 2.509, der SS 612, der HJ 255 und der SA 60" (ebenda: 314). Ab 1933 war der Motorsport nur noch für Fahrer möglich, die dem DDAC, einer der NS-Organisationen oder der Wehrmacht angehörten (vgl. ebenda: 315). Alternativen zur SS hätte Bernd Rosemeyer also gehabt. Auch nahmen etliche Fahrer im Auftrag ihrer Arbeitgeber (in der Regel Autoindustrie) an den Rennen teil. 1938 entsandte die Industrie zehn Mannschaften, die Wehrmacht acht, die SS sechs und das NSKK 24 (vgl. ebenda: 322). Die Motor-SS war – wie das NSKK – von Beginn an „Träger und Multiplikator der NS-Ideologie" und verfolgte – ebenfalls wie das NSKK – das „Ziel, „nationalsozialistisches und soldatisches Denken" in alle Bereiche der Kraftfahrt zu tragen" (ebenda: 481). „Regimetreue und die Zugehörigkeit zur „arischen" Volksgemeinschaft" waren Voraussetzungen für die Mitgliedschaft (vgl. ebenda). „Autobahnen, Motorsportereignisse und Rennfahrerhelden wie Bernd Rosemeyer gehören bis heute zum festen Erinnerungsrepertoire an die NS-Herrschaft. Das Regime konnte hier seine Modernität demonstrieren, Zukunftsversprechen inszenieren und Identifikationen erzeugen, die entweder die braune Gesellschaft insgesamt oder den Rennfahrer als Helden zum Gegenstand hatten. Auch auf diesem Feld sollte die schwarze Uniform den speziellen Elitebegriff der SS symbolisieren" (ebenda). Von Rosemeyer ist nur ein Foto überliefert, das ihn in dieser schwarzen SS-Uniform zeigt (in: „Das schwarze Korps" anlässlich der Trauerfeier für Bernd Rosemeyer, Anm. des Verf.), aber sein Markenzeichen war der weiße Overall, oft mit SS-Runen versetzt, und der „Tiroler-Hut", der ihn von allen anderen Rennfahrern unterschied und sein burschikoses, stets heiteres Wesen unterstrich: „Seht her, so nett und humorvoll sind wir, und die SS duldet es. Also kann sie so böse nicht sein [....] – so oder ähnlich lautete die Botschaft, die Bernd Rosemeyer mit seinem Outfit verbreitete.

Im Vergleich zum NSKK und zur Motor-SA war die SS zwar zahlenmäßig von geringerer Bedeutung, sie war aber deutlich partei- und systemnäher als die konkurrierenden Motorsport-Organisationen – wenn man in diesem Kontext überhaupt von Wettbewerb sprechen kann. Demnach hätten sich Motorsportler, die nicht vom Nationalsozialismus überzeugt waren oder die sich für unpolitisch hielten, am ehesten dem NSKK anschließen müssen. Die SS hingegen war nur etwas für „Hundertprozentige" wie Bernd Rosemeyer.

Im folgenden Kapitel soll gezeigt werden, dass Bernd Rosemeyer sich bewusst für eine SS-Karriere entschied, er wollte von dem elitären Nimbus der SS profitieren. Es kann, wie dort nachgewiesen wird, keinesfalls von einem Zwang die Rede sein, der Bernd Rosemeyer in die SS geführt hätte. Er tat es freiwillig.

4. Musste Rosemeyer in die SS, um Karriere zu machen?

> „1938 entsandte die Industrie 10 Mannschaften, die Wehrmacht 8, die SS 6 und das NSKK 24."
>
> (Dorothee Hochstetter)

Von Seiten der Befürworter eines unkritischen Rosemeyer-Bildes wird dies immer wieder gebetsmühlenartig wiederholt. Im Jahre 2008 publizierte die Studiengesellschaft für Emsländische Regionalgeschichte einen „Sonderdruck aus Anlass des 100. Geburtstages des Lingener Idols (sic!) am 14. Oktober 2009" (Studiengesellschaft 2008), der auf einem früheren Beitrag Horst Bechtlufts basierte.

Schon im vom Vorsitzenden der Studiengesellschaft, Willi Rülander, unterzeichneten Vorwort wird die Tendenz deutlich, das Thema in eher in exkulpierender Absicht zu behandeln.

Sogleich fällt auf, dass der Titel des ursprünglichen Texts („Bernd Rosemeyer und die SS – Versuch der Annäherung an ein geschichtliches Tabu in Lingen") verändert wird in „Bernd Rosemeyer (1908–1938), Rennfahrer in der NS-Zeit". Durch die Entfernung des Bezugs auf die SS aus dem Titel wird die Rolle Rosemeyers verharmlost, denn „Rennfahrer in der NS-Zeit" liest sich völlig neutral, etwa wie „Landwirte in der NS-Zeit" oder „Handwerker in der NS-Zeit". Das Odium einer möglichen und eigentlich in diesem Beitrag erst zu untersuchenden Verstrickung Rosemeyers in den Nationalsozialismus und insbesondere in die SS wird von vornherein ausgeblendet. Auch die unkritische Bezeichnung Rosemeyers als „Renn-Idol" wirkt eher glorifizierend denn kritisch-distanziert. Mit der Qualifizierung von Rosemeyers Verhältnis zur SS als „beruflich bedingt" nimmt Rülander das Ergebnis der Untersuchung vorweg und berücksichtigt nicht, dass Bechtluft dieses Thema in seinem Beitrag deutlich differenzierter, wenn auch nicht ohne Fehler, behandelt. Es ist eine Verfälschung der Geschichte, wenn Rülander zudem behauptet, „dass Rosemeyer der für ihn „beruflich bedingten" SS-Mitgliedschaft keine besondere Bedeutung beimaß". Woher will Rülander das wissen? Es gibt hierfür keinen Beleg.

Es ist u. a. die Aufgabe dieser Arbeit, nachzuweisen, dass genau das Gegenteil richtig ist, dass also Rosemeyer ein überzeugter Nazi war, der auf seine Karriere in der SS ebenso stolz war wie auf die als Rennfahrer.

Bechtluft merkt an, dass er sich u. a. auf das 1987 neuaufgelegte und überarbeitete Buch „Mein Mann der Rennfahrer" von Elly Beinhorn gestützt habe. Dieses Buch gehörte zu den „10 erfolgreichsten Buchtypen im Dritten Reich"; immerhin erzielte es eine Auflage von über 200.000 verkauften Exemplaren (vgl. Adam 2010: 1). Das Buch lieferte „im Hinblick auf die Wehrhaftmachung Deutschlands [...] einen ganz konkreten Beitrag" (ebenda). Bei der Lektüre dieses Buches war es Bechtluft aufgefallen, dass Beinhorn selbst ihren Mann als „Kämpfer" des Rennsports bezeichnete (vgl. Bechtluft 2008: 6). Beinhorn hatte beklagt, dass die Originalfassung ihres Buchs von 1938 „seit Kriegsende [...] nicht mehr zu haben war" (ebenda). Bechtluft erwähnt nicht, dass dieses Buch 1945 wegen zu großer Nähe zum Nationalsozialismus plötzlich verschwand. Christian Adam weist darauf hin, dass sich der Name Elly Beinhorn z. B. noch im Jahre 1957 auf einer „Handliste von Titeln" befand, „die dem Charakter der volksbildnerischen Tätigkeit des gewerblichen Leihbuchhandels widersprachen, unter ihnen jede Menge Namen, die ideologisch in das „Dritte Reich" verstrickt waren oder diesem Gedankengut nahestanden" (Adam 2016: 312).

Vor der Neuauflage von Beinhorns Buch im Jahre 1987 musste also die Originalfassung deutlich entschärft, sozusagen entnazifiziert werden. Nicht umsonst hatte Victor Klemperer in „LTI" dieses Buch als eines der Beispiele aufgeführt, die jene Sprache des Dritten Reichs am deutlichsten verkörpern (vgl. Klemperer 1996: 11). Bechtluft ist dies anscheinend nicht aufgefallen. Er bemerkt zu Beinhorns Buch: „Doch der überarbeitete Nachdruck des Buches aus der NS-Zeit vermittelte ansonsten nicht allzu viel Nazi-Hintergrund (das Original von 1938 erstaunlicher Weise übrigens auch nicht, wie ich später feststellte!)" (Bechtluft 2008: 6). Bechtluft mag es angelegen gewesen sein, die nationalsozialistische Infizierung des Buches schlicht zu ignorieren. Hierzu ist auf den Abschnitt „Sprachliche Besonderheiten in Elly Beinhorns „Mein Mann der Rennfahrer". Ein Vergleich der Auflagen von 1938 und 1987" in: Frilling 2009: 325 ff. zu verweisen.

Hier kann zunächst festgehalten werden, dass Elly Beinhorn durch die zahlreichen Änderungen, die sie stillschweigend an der alten Ausgabe des Buches von 1938 vornahm, deutlich gemacht hat, dass sie sich der Problematik ihrer sprachlichen Einlassung mit der von den Nazis bevorzugten Diktion bewusst war. Es stellt sich die Frage, weshalb sie dies nicht offen aussprach und weshalb sie die Neuauflage ihres Buches nicht zu einer Distanzierung vom Nationalsozialismus und von ihrer damaligen Haltung nutzte. Die Gelegenheit dazu war vorhanden. Auch später gab es seitens Elly Beinhorn niemals eine klare Distanzierung vom NS-Regime, geschweige denn einen Ausdruck des Bedauerns für dessen Verbrechen.

Die SS-Motorstürme, denen Rosemeyer angehörte, waren zunächst der SA unterstellt. Nach dem Röhm-Putsch wurden sie autonom und direkt dem Reichsführer-SS unterstellt. Aber die Motor-SS stand in Konkurrenz zu anderen Nazi-Organisationen wie dem NSKK (Nationalsozialistisches Kraftfahrerkorps) oder der Hitlerjugend, die ebenfalls mit eigenen Fahrern an Rennen jener Zeit beteiligt waren. Es stimmt also nicht, wenn zugunsten Rosemeyers eingewandt wird, er habe der SS beitreten müssen, um Karriere als Rennfahrer machen zu können. Übrigens entsandten auch die Wehrmacht und die Reichspost Fahrer zu den großen Rennen – und natürlich die Rennställe der Industrie.

Doch die SS war etwas Besonderes: Sie war daran interessiert, eine „paramilitärische Vorbereitung einer späteren Aufrüstung" zu gewährleisten. Dies galt übrigens auch für Elly Beinhorn und die weiteren prominenten Fliegerinnen, die mit ihren Maschinen letztlich Prototypen der berüchtigten Messerschmitt-Jagdflugzeuge testeten, mit denen Nazi-Deutschland im spanischen Bürgerkrieg und auf den Schauplätzen des Zweiten Weltkriegs Angst und Schrecken verbreitete. „Elly Beinhorn half mit, den Vorläufer unter Extremsituationen zu erproben" (Adam 2010: 1). Die Messerschmitt Bf 108 „wurde dank Beinhorns Flügen zum meistverkauften Reiseflugzeuge (sic!) bis 1939. [...] Auch als Militärflugzeug machte die Bf 108 Karriere" (Zegenhagen 2007: 152). 1938 „trug es entscheidend zum Sieg der Franco-Truppen im spanischen Bürgerkrieg bei" (ebenda). Zegenhagen erwähnt eine „Sammlung von Fotografien, die Flugzeugführer der Luftwaffe bei der Vorbereitung der Bf 109 für den Kriegseinsatz zu Beginn des Zeiten Weltkriegs zeigen", die sich unter den privaten Dokumenten Beinhorns befindet (vgl. ebenda). Nach dem Krieg war Elly Beinhorn „in den 1960 und 1970er Jahren" gemeinsam mit der auch nach 1945 bekennenden Nationalsozialistin Hanna Reitsch „Vizepräsidentin der 1969 gegründeten Vereinigung Deutscher Pilotinnen (VDP)" (ebenda: 461). Präsidentin war Heidi Galland, die Witwe des berüchtigten Nazi-Kampffliegers Adolf Galland, der sich nach dem Krieg übrigens auch als „unpolitisch" und nur der Fliegerei verfallenen Gegner des Nationalsozialismus bezeichnete, ein Topos, der zu dieser

Zeit tausendfach verwendet wurde, um Nazis von ihrer Verantwortung reinzuwaschen.

Im nächsten Kapitel soll der Frage nachgegangen werden, ob Rosemeyer sich überhaupt über die SS im Klaren war. Ist es denkbar, dass ein junger Mann, der sich nicht für Politik interessierte, einfach nichts von den Verbrechen seiner eigenen Kameraden wusste? Rosemeyer war mit Himmler persönlich bekannt; auch Hitler begegnete er persönlich und verstand sich zum Handschlag mit ihm. War er so ahnungslos, wie seine Anhänger die Nachwelt glauben machen wollen? Jenes „Nichts-gewusst-haben" gehört ja zu den typischen Ausreden, mit denen Nazis sich den etwaigen strafrechtlichen Folgen ihres Verhaltens im Dritten Reich zu entziehen versuchten.

5. Wusste Rosemeyer nicht, dass die SS eine verbrecherische Organisation war?

> Der NS-Terror wurde besonders deutlich in den ab 1933 eingerichteten emsländischen Konzentrations-lagern, die zunächst unter der Bewachung durch SS-Einheiten standen. Diese verbreiteten auch unter der emsländischen Bevölkerung Angst und Schrecken, und zwar in einem Maße, dass im November 1933 auf Anordnung von Göring die SS zweitweise abgezogen werden musste.
>
> Hans-Peter Klausch

Aus vielen Quellen sind die spätestens seit Beginn der 30er Jahre belegten Aktivitäten der Nationalsozialisten und der SS bekannt. Bastian Hein, der u. a. als Referent für das Bundeskanzleramt tätig ist, berichtet von der Bildung einer 50.000 Mann starken Hilfspolizei der Nazis, der allein 15.000 SS-Mitglieder angehörten. Diese zeichneten sich aus durch „unbedingte Härte gegen die kommunistischen und sozialdemokratischen Erzfeinde der Nationalsozialisten" (vgl. Hein 2015: 59). Schon kurz nach der Wahl Adolf Hitlers zum Reichskanzler entstanden im ganzen Reich 160 improvisierte Haftanstalten (vgl. ebenda: 60), u. a. auch im Emsland.

Aufgrund einer Notverordnung von Reichspräsident Hindenburg wurden bis Mitte 1933 – Rosemeyers Frühzeit in der SS – schon bis zu 25.000 Regimegegner eingesperrt. Im Emsland wurden insgesamt 15 Konzentrationslager errichtet, wo zwischen 3.000 und 5.000 Häftlinge als „Moorsoldaten" Zwangsarbeit in den Moorlandschaften leisten mussten. Es gab solche Lager in Neusustrum, Esterwegen, Börgermoor, Aschendorf, Rhede, Walchum, Oberlangen, Wesuwe, Versen,

Fullen, Groß-Hesepe, Dalum, Wietmarschen, Bathorn und Alexisdorf, also in unmittelbarer Nähe Lingens. Dies konnte den Lingenern und damit auch Bernd Rosemeyer nicht verborgen geblieben sein.

Anfangs wurden die Wachmannschaften von der SS gestellt, von den Kameraden Bernd Rosemeyers. Sicher dürfte Rosemeyer etliche von ihnen persönlich gekannt haben; man gehörte ja schließlich derselben Organisation an. SS-Mitglieder, die wie Rosemeyer schon vor 1933 der SS angehörten, erhielten den „begehrten Status eines „alten Kämpfers"" (ebenda: 70). Die Verbrechen der SS in der frühen Phase des Nationalsozialismus sind im Detail dokumentiert in den von der Ludwig-Windthorst-Stiftung in dankenswerter Ausführlichkeit herausgegebenen „Materialien für den Unterricht ab Jahrgang 9" unter dem Titel „Der Weg in die Diktatur. Die Durchsetzung nationalsozialistischer Herrschaft im Emsland", wo auch auf die Rosemeyer-Debatte eingegangen wird (vgl. Ludwig-Windhorst-Stiftung 2008). Die Nazi-Führung in Person von Reichspropagandaminister Goebbels begegnete Anfang 1934 aufkommender Kritik aus der Bevölkerung und aus dem Ausland mit einer reichsweiten Kampagne gegen „Miesmacher und Kritikaster" (ebenda). In den o. g. „Materialien" werden einige Beispiele genannt, die jedem Emsländer und damit auch dem „unpolitischen" Bernd Rosemeyer den verbrecherischen Charakter der Nazis und ihrer SS schon in den frühen 30er Jahren verdeutlichen mussten:

- Unter dem Titel „Statt Diskussionen Prügel" berichtet ein Zeitzeuge über einen Fackelzug der SA in Meppen am 30. Januar 1933, in dessen Umfeld Mitglieder des katholischen Windhorstbundes Meppen unter Androhung von Prügeln aus den Gaststätten der Stadt vertrieben wurden (vgl. Mat. 3).

- In der Folge des Reichstagsbrands kam es zu Hausdurchsuchungen bei Kommunisten in Papenburg und Lingen, zwei KPD-Mitglieder in Lingen wurden verhaftet. Auch SPD-Mitglieder wurden drangsaliert (vgl. Mat. 4).
- In der Ems-Zeitung vom 25.02.1933 erscheint ein Bericht über eine Massenkundgebung der Zentrumspartei in Sögel, auf der der Reichstagsabgeordnete Dr. Drees eindringlich vor der Gefahr des Nationalsozialismus warnte (vgl. Mat. 5).
- Im Lingener Volksboten vom 10.03.1933 werden die Katholiken des Emslands zum Widerstand gegen die NSDAP aufgerufen (vgl. Mat. 6 und 7).
- Auf Kreistagssitzungen im März und April 1933 versuchte die NSDAP, den Meppener Landrat zu stürzen. Da man noch nicht über eine demokratische legitimierte Mehrheit verfügte, sollte dies durch Niederbrüllen, Einschüchterungen und Beschimpfungen geschehen (vgl. Mat. 11).
- Bürgermeister Dr. Lesker in Meppen wurde unter Missachtung (noch) geltenden Rechts von den Nazis zum Rücktritt gezwungen (vgl. Mat. 12).
- In Lingen wurden „Bürgermeister Gilles, Geistlicher Studienrat Schwenne, Schulrat Meyer und Polizeikommissar Heine mit sofortiger Wirkung beurlaubt", berichtete die Ems-Zeitung am 7. April 1933 (vgl. Mat. 13).
- Nazi-Bürgermeister Plesse „warnte eine bestimmte Presse" vor einer weiteren Berichterstattung über das undemokratische Vorgehen der NSdAP in der Lingener Verwaltung – laut. Lingener Kreisblatt vom 28.05.1933 (vgl. Mat. 14).
- Die Emszeitung erschien auf Beschluss der NSDAP-Kreisleitung ab 2. Mai 1933 als „nationalsozialistische Tageszeitung" und führte nun das Hakenkreuz in ihrem Emblem (vgl. Mat. 15).

- Das Zentrum löste sich selbst auf (vgl. Mat. 17) und alle „Hilfsorganisationen des Zentrums" sowie SPD und KPD wurden von den Nazis aufgelöst (vgl. Mat. 17–21).
- Am 1. April 1933 begann reichsweit der Boykott jüdischer Geschäfte und Unternehmen; SA-Posten vor jüdischen Geschäften setzten diesen Boykott durch ihr einschüchterndes Verhalten durch. Überliefert ist ein Boykott-Aufruf der NSDAP-Ortsgruppe Haselünne (vgl. Mat. 6).
- Die Ems-Zeitung veröffentliche am 31.03.1933 eine „Anordnung" der NSDAP, der zu Folge überall Aktionskomitees „zur Durchführung des Boykotts jüdischer Geschäfte, jüdischer Waren, jüdischer Ärzte und jüdischer Rechtsanwälte" gebildet werden sollten. „Die Aktionskomitees müssen bis in das kleinste Bauerndorf hinein vorangetrieben werden, um besonders auf dem flachen Land die jüdischen Händler zu treffen" (vgl. Mat. 7).
- Der NS-Terror wurde besonders deutlich in den ab 1933 eingerichteten emsländischen Konzentrationslagern, die zunächst unter der Bewachung durch SS-Einheiten standen. Diese verbreiteten auch unter der emsländischen Bevölkerung Angst und Schrecken, und zwar in einem Maße, dass im November 1933 auf Anordnung von Göring die SS zweitweise abgezogen werden musste.
- Die emsländischen Konzentrationslager gehörten zu den brutalsten ihrer Art. Schon während der ersten Phase der Bewachung durch SS-Mannschaften und -Kommandanten „war die Mordbilanz im Emsland bereits deutlich höher" als in anderen Lagern. Hinzu kamen schwerste Misshandlungen der Häftlinge – unter ihnen der schon in der Weimarer Republik verurteilte Publizist und spätere Friedensnobelpreisträger Carl von Ossietzky –, Alkoholexzesse der SS-Männer und die Terrorisierung der emsländischen Bevölkerung, die im engeren und weiteren

Umkreis der Lager lebte. Die daraus resultierende Unruhe der Bevölkerung sowie Berichte in der Auslandspresse zwangen Himmler und Hitler schließlich dazu, die SS abzuziehen. Dies war nur unter Androhung militärischer Gewalt durch die Reichswehr möglich; die SS selber hatte mit militärischem Widerstand gegen ihre Abberufung gedroht (vgl. Klausch 2005).
– Kein geringerer als der Osnabrücker Bischof Wilhelm Berning, der aus Lingen stammte und ein Großonkel Bernd Rosemeyers war, besuchte 1936 die nördlichen Emslandlager, was den traurigen Höhepunkt einer Propagandakampagne der Nazis bildete, mit der ein „offensichtliches Einvernehmen zwischen Nationalsozialismus und Kirche" demonstriert werden sollte. Sollte er den jungen Bernd Rosemeyer in seiner SS-Mitgliedschaft bestärkt haben? Berning ging freilich später wieder auf Distanz zu den Nazis. Rosemeyer blieb bis zu seinem Tode SS-Mitglied.

Es erscheint ausgeschlossen, dass Bernd Rosemeyer keine Kenntnis von den Verbrechen seiner SS-Kameraden im Emsland hatte, selbst wenn er tatsächlich „unpolitisch" gewesen sein sollte, was allerdings stark zu bezweifeln ist. Dennoch wehren sich Rosemeyers Anhänger dagegen, ihn in die „braune Ecke" zu stellen. Im folgenden Kapitel sollen deshalb die Informationen zusammengetragen werden, die ein Licht auf sein wirkliches Verhältnis zur SS und zum Nationalsozialismus werfen können.

6. Bernd Rosemeyer in der SS

> „Zu meines Mannes besonderer Freude und Genugtuung hatte er die Nachricht erhalten, dass in Anerkennung seines Sieges ihn der Reichführer SS zum Hauptsturmführer befördert hatte."
> (Elly Beinhorn)

Für die Sektion „Bernd Rosemeyer" des Lingener Bürgerschützenvereins schrieb deren Sektionsoffizier in einer Stellungnahme aus dem Jahre 2009:

> „Wenn wir Anno 2009 den 100-jährigen Geburtstag Bernd Rosemeyers in Lingen begehen konnten, dann muss ich gestehen, die Stadt Lingen hat für sein Andenken in meinen Augen nicht genügend getan. Vielleicht werden andere Stadtobere einmal nüchterner, realer denken und das anerkennen was Bernd Rosemeyer war – ein junger Rennfahrer, aus relativ kleinen Verhältnissen, der nach oben wollte und so auch die Förderung und Förderer annahm, die ihn sich seinen Traum verwirklichen ließen. Fakt ist, er war zu seiner Zeit ein ganz Großer des Automobilsports und die Versuche ihn in eine Ecke mit der „Braunen Macht" zu stellen, das kann,- darfund wird auch aus unserer Sicht nicht so sein" (http://www.lbsv.de/2-zug/bernd-rosemeyer/).

Nach dem Motto „Es kann nicht sein, was nicht sein darf" macht es sich der Autor freilich etwas einfach, die nach wie vor brisante Frage nach der Rolle Rosemeyers in der SS vom Tisch zu wischen. Dies ist sicher die platteste Form einer Exkulpierung, die in Lingen möglicherweise aber zahlreiche Befürworter hat.

Auch der „MSC Bernd Rosemeyer" nimmt sich des Themas auf seiner Homepage in verkürzender Form an:

„Bernd Rosemeyer war seit 1933 Mitglied der SS und hatte den Titel „Hauptsturmführer in der SS" inne. Diesen Titel erlangte er durch Beförderungen nach Rennsiegen ohne aber jemals aktiv Dienst in der SS geleistet zu haben. Diese Tatsache macht ihn bis heute noch umstritten, da man nicht weiß wie er tatsächlich zu der Idiologie (sic!) der Nationalsozialisten stand. Angenommen wird, dass der zu dieser Zeit recht junge Bernd Rosemeyer diesen Schritt unternahm, um seine Karriere als Rennfahrer ungestört verfolgen zu können. Dafür sprechen, dass er weiterhin Kontakt zu seinen jüdischen Schulkameraden pflegte und wohl nie in der Uniform der SS gesehen wurde (Die Mängel in Satzbau und Rechtschreibung wurden aus dem Original unverändert übernommen, Anm. des Verf.)".

Auch Ludwig Remling, ehemaliger Stadtarchivar der Stadt Lingen, mag in der SS-Mitgliedschaft Rosemeyer nicht wirklich ein Problem sehen. Er legte den Hauptakzent eines Vortrags über Rosemeyer auf dessen Kindheit, seine Jugendstreiche und die sportliche Entwicklung des Rennfahrers; die politischen Hintergründe bleiben unscharf. Die Lingener Tagespost vom 21.05.2009 berichtet über diesen Vortrag:

„Dass Rosemeyer dem Nationalsozialismus möglicherweise aufgeschlossen gegenüberstand, beweist ein Foto, das vom 26. August 1933 datiert ist. Es zeigt den Lingener nach einem Meisterschaftslauf auf dem Hockenheimring in SA-Uniform mit Hakenkreuzbinde am linken Oberarm. Das sei damals selbst in Motorradrennfahrerkreisen einzigartig gewesen, erläuterte Remling mit dem Hinweis, dass er später wieder Abstand davon genommen habe. Aber Rosemeyer will nach oben und tritt der SS, die als beste und einflussreichste Parteigruppierung gilt, bei. Allerdings gebe es keine Fotos, die den Lingener in dieser Uniform zeigten, und es sei davon auszugehen, dass er eine gehörige Portion Distanz zur Partei und ihren Uniformen aufgebaut hatte. Remling: „Leider haben wir keine Erkenntnisse darüber, was er über die Ideologie der Nazis dachte". Festzustellen bleibe sinngemäß, dass Rosemeyer kein Täter, aber auch kein Opfer des NS-Staates gewesen sei – beide Seiten hätten voneinander profitiert und sich gegenseitig gestützt".

Die Sentenz „Kein Täter, aber auch kein Opfer" bildet auch die Überschrift zu dem zitierten Artikel. Sie vermittelt den Eindruck einer gewissen Neutralität Rosemeyers zwischen den beiden genannten Polen.

Bei der Debatte über eine Bernd-Rosemeyer-Straße im Laatzener Ortsteil Rethen (bei Hannover) wurde Ludwig Remling ebenfalls zitiert. In der HAZ vom 28.10.2012 konnte man dazu lesen: „In einem Beitrag für Lingens Kulturpolitiker *entlastete* [Herv. i. O.] der Archivar den Rennfahrer. Die Mitgliedschaft in der SS sei das einzige größere Zugeständnis an den Nationalsozialismus, dessen verbrecherischer Charakter 1932 nicht bekannt gewesen sei". Remling folgt hier dem gängigen Exkulpationsschema, das auch die meisten SS-Führer flächendeckend benutzten, um sich von einer Mitverantwortung für den Nationalsozialismus reinzuwaschen:

– Sie seien insgeheim gegen die NSDAP gewesen,
– sie hätten Juden geholfen und
– sie seien aus jugendlichem Idealismus zur SS gegangen,
– sie seien im Übrigen strikt unpolitisch gewesen.

So ließ sich Max Wünsche, der – ähnlich wie Jochen Peiper – stark belastete Kommandeur des SS-Panzerregiments „Hitlerjugend", im Zuge seiner Entnazifizierung folgendes bescheinigen: „Herr Wünsche hat sich in jungen Jahren in Verkennung dessen, was Idealismus wirklich bedeutet, einer Wahnlehre verschrieben, deren Tragweite ihm damals nicht bewusst sein konnte" (Westemeier 2014: 557).

Friedrich W. Mayr, ein enger Freund Himmlers und wie Rosemeyer SS-Hauptsturmführer, beeilte sich, nach 1945 zu behaupten, er habe „fortgesetzt unter Einsatz seines Lebens Widerstand gegen die NS-Gewaltherrschaft geleistet und auch Juden gerettet" (ebenda: 548). Wörtlich sagte er aus: „Wir hatten bei der SS eine äußerst scharfe Widerstandsgruppe. Die SS stand contra zur Partei [...]. Die Führer der SS waren immer in einer gewissen Opposition zu Himmler" (ebenda).

Das Zauberwort hieß „Verstrickung" statt „Täterschaft". Es war aber kein „Schicksal", es war auch keine „Verstrickung"; es war durch menschlichen Willen herbeigeführt, es war Täterschaft.

Hinrich Peiper, der Sohn des Massenmörders Jochen Peiper, versuchte, seinen Vater so zu rechtfertigen: „Sie waren echte Kinder ihrer Zeit und als solche in deren Geschichte eingebunden; es war ihnen letztendlich nicht vergönnt, aus welchen Gründen auch immer, sich aus einer kaum mit Beispiel dastehenden schicksalhaften Verstrickung zu lösen" (ebenda: 632). Ähnlich wie Bernd Rosemeyer jr. nahm er die Rolle des Familiensprechers ein. In zahlreichen Leserbriefen und Erklärungen war Peiper jr. bemüht, seinen Vater reinzuwaschen. Immer wieder versicherte er, sein Vater sei kein Nazi gewesen. Wie Rosemeyer jr. war er in einem Milieu aufgewachsen, das von alten Nazis mitgeprägt wurde. Dies mag sein Engagement für den Vater nachvollziehbar machen.

Die massenhafte Exkulpation von NS-Tätern nach dem 2. Weltkrieg macht deutlich, welche gesellschaftlichen Kräfte und Bedingungen das Ausmaß der Geschichtsklitterung ermöglicht haben" (ebenda: 644). Wie man überhaupt auf die Idee kommen kann, Rosemeyer als „Opfer" in Erwägung zu ziehen, bleibt schleierhaft und entbehrt auch wohl jeder Grundlage.

Demgegenüber steht fest, dass Rosemeyer mitnichten nur aus Opportunismus Mitglied und Offizier der SS war. Nicht nur zeigt ihn das Foto, das von der SS-Zeitschrift

„Das Schwarze Korps" anlässlich Rosemeyers Begräbnis veröffentlicht wurde, in seiner prächtigen SS-Ausgehuniform, sondern auch weitere Dokumente belegen, dass Rosemeyer sich durchaus – und auch äußerlich – zur SS und zum Nationalsozialismus bekannte. „Rosemeyer tritt wiederholt in der Öffentlichkeit, etwa bei Siegerehrungen und Empfängen, mit Hakenkreuzinsignien auf. Auf einem Bild vom August 1933 trägt er als einziges Mitglied der Fahrercorps eine Hakenkreuzbinde" (https://de.wikipedia.org/wiki/Bernd_Rosemeyer). Erschreckend ist ein Foto, auf dem er unter dem Titel „Der Sieger" mit dem Hitlergruß, d. h. mit hochgerecktem Arm, posiert (vgl. Reh 1941, auch S. 2 dieser Arbeit).

Bernd Bretz (1938: 27) bescheinigt ihm: „Wer ihn gekannt hat, der weiß, wie stolz er war, in den Reihen der SS zu stehen. Er wusste, dass er als Rennfahrer für eine Gemeinschaft von Männern kämpfte, für die letzter und höchster Einsatz von Können und Leben auch letzte und höchste Erfüllung ihres Seins bedeutete". Sogar seine Ehefrau Elly Beinhorn unterstreicht schon 1936, mit welch besonderer Begeisterung Rosemeyer der SS angehörte: „Zu meines Mannes besonderer Freude und Genugtuung hatte er die Nachricht erhalten, dass in Anerkennung seines Sieges ihn der Reichführer SS zum Hauptsturmführer befördert hatte" (Beinhorn 1938: 150).

Bei dem US-Rennen um den „Vanderbilt-Pokal" 1937 hatte es im Vorfeld „politische Verwicklungen" gegeben. In einem zeitgenössischen Bericht heißt es: „Es war damals die Zeit, da gewisse Herrschaften im untersten Viertel des New Yorker Hafens – aber nicht nur dort – den roten Koller kriegten, wenn im freien Amerika die deutsche Fahne irgendwo wehte" (Reh 1941: 86). Da sich die deutsche Rennfahrermannschaft nicht sicher war, wie sich der Veranstalter in diesem Falle verhalten werde, nahm sie eine große Hakenkreuzflagge mit und hisste sie provokativ über den deutschen Boxen. Gleichzeitig drohten die Fahrer, sie würden das Rennen boykottieren, sollte der Veranstalter irgendetwas gegen die Hakenkreuzfahne unternehmen. Diese Drohung wirkte, und Rosemeyer und seine Rennfahrerkollegen hatten einen „politischen Erfolg" zu Gunsten des Nationalsozialismus erzielt.

Rosemeyers Arbeitgeber bei der Auto-Union, Wehrwirtschaftsführer, NSDAP-Mitglied seit 1933 und SS-Führer Richard Bruhn, von Elly Beinhorn liebevoll „der Doktor Bruhn" genannt, mag natürlich ein Interesse daran gehabt haben, dass sein prominenter Fahrer ebenfalls SS-Mitglied wurde. Er sollte später von seiner SS-Nähe profitieren. Im Zweiten Weltkrieg ließ er sich „aus kriegswirtschaftlichen Interessen heraus in skandalösem Maße in den KZ-Komplex einbinden" (Schumacher 2014). „In sieben Konzentrationslagern, die von der SS für Auto-Union eingerichtet wurden, wurden mehr als 3.700 KZ-Häftlinge als Zwangsarbeiter ausgebeutet. Weitere 16.500 Zwangsarbeiter, die nicht in Konzentrationslagern interniert waren, arbeiteten ebenfalls für Auto-Union in Zwickau und Chemnitz. Rund ein Viertel der Häftlinge war jüdisch" (ebenda). In einer Studie wird der Rosemeyer-Chef Richard Bruhn „für den Einsatz und Tod von tausenden KZ-Häftlingen und Zwangsarbeitern mitverantwortlich gemacht" (ebenda). Er war seit 1933 einer der führenden Rüstungsprofiteure in Nazi-Deutschland und „häufiger bei Albert Speer und Adolf Hitler in Berlin als in seinem Chemnitzer Büro" (ebenda). Und daraus machte er kein Geheimnis. Bernd Rosemeyer war sich im Klaren darüber, für wen er da arbeitete. Wie hätte er sich verhalten, hätte er zu Lebzeiten von den Verbrechen seines Chefs erfahren? Gut, dass ihm dies erspart blieb, denn dann hätte er die Fassade des Unpolitischen sicher nicht mehr aufrechterhalten können.

Seine Ehefrau Elly Beinhorn freilich hielt auch dann noch engen Kontakt zu einem ganzen Nazi-Netzwerk, als das ganze Ausmaß der Nazi-Barbarei auch ihr als angeblich „unpolitischer" Zeitzeugin nicht mehr verborgen geblieben sein konnte. Hierauf wird weiter unten noch im Detail einzugehen sein. Die Machenschaften des Rosemeyer-Chefs Richard Bruhn wurden in der Firmenchronik der Auto-Union lange ausgeblendet, was auch in anderen Chroniken lange Zeit gängige Praxis war. Die Zeit zwischen 1933 und 1945 pflegte man elegant zu überspringen. Erst nachdem ein Artikel in der „Wirtschaftswoche" im September 2010 die skandalösen Vorgänge bei Auto-Union der 30er Jahre enthüllt hatte, wurde eine Aufarbeitung dieses Teils der Firmengeschichte in Angriff genommen. Jedoch auch in dieser Studie (Kukowski/Boch 2014) wurde die Rolle von Bruhn beschönigt. Ein VW-Historiker, der dies kritisierte, musste den Konzern kurz darauf verlassen. In unübersehbar exkulpierender Absicht wurde Bruhn nämlich bescheinigt, er habe nur „aus nationaler Pflicht" gehandelt und „sogar" jüdische Firmenangehörige „ins Ausland geschickt und gerettet"; tatsächlich handelt es sich um einen (!) Juden, den er zu Beginn der NS-Zeit ins Ausland entsandt hatte (vgl. Bormann/Tiedtke o. J.: 18). Auch Bernd Rosemeyer selbst machte aus seiner politischen Gesinnung kein Geheimnis. Dennoch bezeichnen ihn seine Anhänger bis heute als einen heimlichen Helfer jüdischer Verfolgter, als jemanden, der mit den Nazis nichts zu tun haben wollte. Dies ist ein Topos, der nach dem Krieg von Tausenden von Nazis zum Zweck der „Entnazifizierung" erfolgreich verwendet wurde.

7. Das Märchen vom Gut-Nazi und Judenfreund

> „Wie vielen seiner überaus jungen Altersgefährten verhalf ihm die Diktatur zu Freiheit, Selbstverwirklichung, Geld und guter Laune. Sie ermöglichte ihm das fortgesetzte Erproben der eigenen Kräfte, den Kick, immer Größeres immer schneller zu schaffen, das ständige Grenzerlebnis im Geschwindigkeitsrausch der Zeit."
>
> (Götz Aly)

Das Narrativ vom „guten Nazi" und „Judenfreund" wird auch im Zusammenhang mit Rosemeyer bis heute gern benutzt. Dabei werden einzelne Vorgänge, die dieses Narrativ stützen könnten, entweder frei erfunden, zumindest aber verdreht und – aus dem Zusammenhang gerissen – der Nachwelt als „Beweise" für die Lauterkeit Rosemeyers präsentiert. So hebt Bechtluft (2009) hervor, Rosemeyer habe ein jüdisches Kindermädchen gehabt; außerdem habe sich der Jude Bernhard Hanauer 2001 (!) bei einem Besuch in Lingen daran erinnert, Rosemeyer Mitte der 30er Jahre in Lingen persönlich begegnet zu sein. Dieser habe sich auf offener Straße angeregt mit ihm unterhalten – „was unter den Zeitumständen nicht mehr selbstverständlich war". In der Lingener Tagespost vom 21.05.2009 wird über eben diesen Vorgang etwas anders berichtet. Die Zeitung beruft sich auf den ehemaligen Lingener Stadtarchivar Ludwig Remling, der wie folgt zitiert wird: „Dass er keine Berührungsängste mit jüdischen Mitbürgern hatte, beweise ein Ereignis im Rahmen eines Empfanges der Stadt Lingen im Juli 1937. Hier habe er einen jüdischen Bekannten aus seiner Kindheit angesprochen und sich mit ihm auf der Straße angeregt unterhalten, berichtete Remling".

Die dritte Version zu dieser Begebenheit – sollte sie überhaupt stattgefunden haben – stammt von Eberhard Reuß, der behauptet, Rosemeyer „habe noch 1936 auf der Straße einen jüdischen Freund begrüßt, und obwohl dieser abwehrte, weil er Rosemeyer keine Scherereien machen wollte, sich mit diesem unterhalten" (Lingener Tagespost vom 13.06.2015).

Wo verschiedene Versionen eines möglichen Ereignisses und unterschiedliche Angaben zu dessen Zeitpunkt kursieren, da kommt es natürlich zu Simplifizierungen und Unschärfen. So findet man auf der Homepage des Lingener „Motorsportclubs Bernd Rosemeyer" die bereits genannte, jedoch durch nichts belegte Behauptung, dass Rosemeyer angeblich „weiterhin Kontakte zu seinen jüdischen Schulkameraden pflegte". Dies liest sich so, als ob es in Rosemeyers Klasse mehrere jüdische Kinder gegeben habe. Es gibt jedoch keinerlei Beleg, der diese Behauptung stützen könnte.

Das Narrativ vom „guten Nazi", der insgeheim Juden geholfen hat, wird seit 1945 immer wieder als Rechtfertigungsinstrument für eigenes Fehlverhalten herangezogen. Als zum Beispiel die unrühmliche Rolle des Vaters der deutschstämmigen schwedischen Königin Silvia ins Gerede kam, titelte das Online-Portal „Welt/N 24" am 20.12.2012: „Nazi-Vergangenheit: Königin Silvia über ihren Vater – „Er half Juden"". Hier wird aus der Selbstbereicherung eines deutschen Geschäftsmanns durch die Arisierung der Firma des jüdischen Unternehmers Wechsler eine dramatische Rettungstat, die den Juden gerettet habe: „Durch das geschickt ausgedachte und durchgeführte Tauschgeschäft (mit Wechsler) half mein Vater de facto, bewusst und aktiv einem staatenlosen jüdischen Mann, Deutschland zu verlassen. Er verschaffte ihm die Voraussetzungen, die nötig waren, um ein neues Leben in Brasilien anzufangen".

Nach dem gleichen Muster verfährt Kurt Chappuzeau in seinem in Lingen handelnden Buch „Der Mühlenstieg" (Chappuzeau 2002). Er schreibt über einen „stellvertretenden Kreisleiter": „Aber er war kein Unmensch. Den betagten Eheleuten Goldberg, deren Familie seit Generationen in der Stadt ansässig war und ein respektables Konfektionshaus besaß, ließ er, obwohl er um die Gefährlichkeit für seine eigene Person wusste, durch einen Mittelsmann den Hinweis zukommen, dass in Kürze ein Transport zusammengestellt werde und sie auf der Liste stünden". Also wieder der „gute Nazi", der den Juden helfen möchte. Chappuzeau fährt fort: „Schließlich sickerte doch durch, dass Brägenschulte (eben jener stellvertretende Kreisleiter) in einer durchzechten Nacht einem Freund anvertraut hatte: Das sei eine Sauerei, was mit den Juden geschehe [...]" (Chappuzeau 2002: 110 f.). Natürlich gab es die Figur des Brägenschulte realiter nicht, doch sie steht hier für das nach 1945 vielfach verwendete Bild des Nazis, der im Kern doch gar nicht so übel gewesen sei.

In einem „Forum der Wehrmacht" findet man die Aussage einer „Birgit Hartmann" unter dem Titel: „Rolle meines Großvaters in der Motor-SS (1935–1945) – War er wirklich so harmlos?". Sie schreibt: „In seiner Entnazifizierungsakte steht, dass er im Juni 1933 Mitglied der Motor SS wurde, weil er ein begeisterter Motorradfahrer war". Dann zitiert sie wörtlich aus der Akte: „Der Betroffene gab an, er sei als begeisterter Motorsportler zur SS gekommen. [...] Dort habe er sich sozialen Aufgaben gewidmet und Hinterbliebene und Evakuierte betreut. Er habe sich auch nicht durch die NS-Rassenanschauung verwirren lassen und trotz seiner Eigenschaft als SS-Mann den Umgang mit Nichtariern aufrechterhalten. Politisch sei er nicht hervorgetreten, sei anständig, kameradschaftlich und korrekt gewesen, habe unparteiisch gehandelt und keinen Unterschied zwischen Parteigenossen und Nichtparteigenossen, Inländern oder Ausländern in der menschlichen Behandlung gemacht" (http:www.forum-der-wehrmacht.de/index.php/Thread/48084-Rol). Also ein zweiter Bernd Rosemeyer? Ein unpolitischer Gut-Nazi? Seine Enkelin gibt ein anderes Bild von ihm: „Ich weiß, dass er auf jeden Fall Antisemit und ein „mit Wolle gewaschener Nazi" war" (ebenda).

Es handelt sich bei dem „Gut-Nazi" um ein gängiges Muster der Exkulpationsmafia, mit dem diese versucht, „die Zeit des Nationalsozialismus und ihr individuelles Verhalten zu jener Zeit der Nachwelt zu erklären, [...] sprachliche Clichés [...], die häufig anzutreffen waren und die speziell auf ihre exkulpierende Funktion hin geprägt worden sein dürften" (Frilling 2009: 283). In der Regel ignorieren die Urheber solcher Clichés die historischen Fakten.

Für wie wirksam das Narrativ von einem mit jüdischen Mitbürgern freundschaftlich verkehrenden Rosemeyer seitens seiner Unterstützer gehalten wird, zeigt ein Vorfall aus dem Jahre 2015.

Der Initiator des „Elly Beinhorn und Bernd Rosemeyer-Museums" in Lingen, der Unternehmer Heinrich Liesen, arrangierte eine pressewirksame Begegnung mit Bernd Rosemeyer jr., dem Sohn des 1938 tödlich verunglückten Rennfahrers, und Bernhard Grünberg, dem jüdischen Ehrenbürger der Stadt Lingen, der 1938 in einem Kindertransport nach England entkommen war. Liesen und Rosemeyer jr. gelang es, dem greisen Grünberg Äußerungen zu entlocken, die den Rennfahrer wohl reinwaschen sollten. Rosemeyer sen. sei unpolitisch gewesen, konnte man tags darauf in der Lingner Tagespost lesen, und er sei „gegenüber jüdischen Menschen aufgeschlossen" gewesen. Manch ein Leser der Lingener Lokalzeitung mag sich schon gewundert haben, dass der damals dem Kindesalter kaum entwachsene Grünberg festgestellt haben wollte, dass da jemand „unpolitisch" und judenfreundlich eingestellt gewesen sei. Und so ließ die Reaktion nicht auf sich warten: Das Lingener „Forum Juden-Christen" warf Liesen und Rosemeyer jr. vor, „den Besuch des jüdischen Ehrenbürgers Bernhard Grünberg in Lingen für ihre Zwecke instrumentalisiert zu haben". In einem Kommentar zu dem Zeitungsbericht unter dem Titel „Ein perfides Spiel" heißt es, diese Veranstaltung sei „bizarr" und „zugleich perfide" gewesen, „denn hier wird ein in Lingen geborenes Shoa-Opfer instrumentalisiert, die Biografie eines SS-Hauptsturmführers, der nicht gezwungen wurde, in die SS einzutreten [...], dahingehend zu reinigen, dass nur noch die sportliche Aktivität des Rennfahrers in Erinnerung bleibt und die politischen Implikationen in seiner Biografie der Volksamnesie anheimfallen sollen". Paul Haverkamp, der Kommentator, fährt fort: „Die Nachkommen und Freunde von Rosemeyer sen. haben doch offensichtlich nur ein Interesse daran, diese SS-Vergangenheit ihres Familienmitgliedes bzw. Freundes in den Augen der Lingener Bevölkerung zu verwässern, zu verharmlosen und die gesamte Verstrickung von Rosemeyer sen. in nationalsozialistische Strukturen in den Orkus der Vergangenheit zu befördern. Dass ausgerechnet die jetzigen Förderer und Freunde von Bernd Rosemeyer sen. sich einen ehemals jüdischen Mitbewohner Lingens als Kronzeugen für ihre Werbeveranstaltung aussuchen, kann ich nur als infame und perfide Inszenierung bezeichnen".

In SPIEGEL–Online fand der Lingener Blogger Robert Koop folgendes sarkastisches Statement: „Seit 60 Jahren lese ich immer wieder fasziniert, warum der oder der in der SS war: Der eine wegen der Pferdchen (Reiter-SS), der nächste wegen der schicken Uniform und [...] „Rosemeyer war Mitglied der SS – offenbar war er beigetreten, um das Ziel des Berufsrennfahrers erreichen zu können". Und immer wieder in mir die bange Frage, ob es denn in der SS auch richtige

Nazis gab [...]. Darüber sollte viel mehr wissenschaftlich geforscht werden, vielleicht gipfelnd in einem Abschluss-Symposium „War Hitler Nazi?"".

Dessen ungeachtet versuchen die Anhänger Rosemeyers unbeirrt, die Stadt Lingen als Hauptstadt eines Rosemeyer-Kults zu etablieren.

8. Lingen im Zeichen Bernd Rosemeyers

Die politischen Amtsträger der Stadt vermitteln seit Längerem den Eindruck einer gewissen Unentschlossenheit bezüglich der Frage, wie mit dem „großen Sohn der Stadt" umzugehen sei. Bechtluft spricht von „Bauchschmerzen der Stadtpolitik" angesichts der Frage, ob und wie die Stadt Bernd Rosemeyer ehren solle. Dabei stellte sich die Frage: „Soll Lingen den immer noch weltberühmten Sohn der Stadt […] besonders ehren oder verbietet sich dies wegen der damaligen SS-Mitgliedschaft Rosemeyers?" (Bechtluft 2009: 8).

Im Zusammenhang mit der Diskussion dieser Frage ist es bisher vollkommen unberücksichtigt geblieben, dass sich die Wertschätzung Rosemeyers für seine Heimatstadt in Grenzen hielt. Unter manchen Lingener Altersgenossen galt der prominente Rennfahrer als arrogant; es kam nicht überall gut an, dass dieser Hallodri sich Freiheiten herausnahm, die für andere Altersgenossen schwerwiegende Konsequenzen nach sich gezogen hätten. Mit seinen Kabinettsstücken auf dem Motorrad machte er die Straßen des Emslands unsicher, er fuhr zeitweise ohne Fahrerlaubnis und verstieß wiederholt gegen die Straßenverkehrsordnung. Die einen bewunderten ihn hierfür, die anderen reagierten mit Unverständnis und Ablehnung. Bernd Rosemeyer waren das Emsland und Lingen zu eng, zu konservativ. Das katholisch und rustikal geprägte Umfeld passte nicht recht zu seinem Jetset-Stil, den er in Berlin und in anderen Metropolen entwickelt hatte.

Auch Elly Beinhorn war ein Großstadtmensch, daran gewöhnt, in den allerbesten Kreisen zu verkehren und persönliche Verbindungen bis in die Staatsführung hinein zu haben. So suchte man die Heimat Bernds nur sehr selten auf, etwa zu besonderen Anlässen. Nachdem Bernd Rosemeyer Lingen verlassen hatte, um im NSU-Team in Neckarsulm zu fahren, suchte er seine Heimatstadt anlässlich der Bestattung seines bei einem Autounfall zu Tode gekommenen Bruders Job auf, dann noch einmal nach seinem viel umjubelten Sieg im Vanderbilt-Rennen. Elly Beinhorn berichtet darüber in einer Weise, die Zweifel an ihrer Begeisterung für Lingen aufkommen lässt: „Die Ehrungen dauerten noch weiter an. Bernds Vaterstadt Lingen *glaubte nun auch* (Herv. i. O), dass sie ihrem berühmten Sohn einen festlichen Empfang bereiten *müsse*" (Beinhorn 1938: 151). Dies liest sich, als ob Elly Beinhorn mit dem Verhalten der Stadt Lingen gegenüber ihrem Mann nicht recht glücklich gewesen wäre.

„Mein Mann fand die Idee großartig, besonders weil außerdem von einer *Taschenuhr aus purem Gold* die Rede war" (ebenda). War also die goldene Uhr das Hauptmotiv für Rosemeyer, noch einmal nach Lingen zu reisen? Elly Beinhorn übrigens begleitete ihren Mann nicht zu der Jubelveranstaltung im Emsland.

Trotz der Zurückhaltung der Stadt Lingen ist es den Anhängern Rosemeyers gelungen, den Namen ihres Idols schon jetzt unübersehbar mit der Stadt Lingen zu verbinden:

- Die ehemalige Bahnhofstraße, wo Bernd Rosemeyer aufgewachsen war, trägt noch heute den Namen „Bernd-Rosemeyer-Straße".
- Dort befindet sich auch eine Gedenktafel, die an den „großen Sohn" der Stadt erinnert.
- Seit 1964 existiert in Lingen „unserem Motorsportfreund zum Gedenken" ein „Motorsportclub (MSC) Bernd Rosemeyer im ADAC e. V.".
- Der Unternehmer Heinrich Liesen rief in Lingen eine „Bernd-Rosemeyer-Stiftung" ins Leben, die für das Gedenken an den Rennfahrer beträchtliche Summen aufbringt.
- Alljährlich organisiert die Stiftung eine „Bernd-Rosemeyer-Oldtimer-Ralley", die auf dem Lingener

Marktplatz gestartet wird, ebenso eine „Bernd-Rosemeyer-Classic-Städte-Tour".
- Im Vorfeld dieser Veranstaltungen prangt ein überlebensgroßes Rosemeyer-Porträt an einem Geschäftshaus im Zentrum der Stadt.
- Im Rahmen der Sportwerbung erscheint dieses Porträt zuweilen auch bei Heimspielen des Handball-Zweitligavereins „HSG Nordhorn-Lingen" auf einer großen Schautafel in der „Emsland-Arena".
- Die Lingener Stadtbücherei arrangierte 2008 eine „Bernd-Rosemeyer-Ausstellung".

Offenbar reicht dies aber bestimmten Protagonisten noch nicht. Es soll deshalb die Diskussion fortgesetzt werden, unter welcher Art von Umständen eine gedenkende Ehrung von Einzelpersönlichkeiten politisch, moralisch und historisch statthaft sein kann. Hierzu können die Kriterien herangezogen werden, die Fuchshuber-Weiß schon 1999 angeführt hat – damals in Bezug auf die Diskussion um Schulnamen (Fuchshuber-Weiß 1999: 142–157, zit. nach: Böhnert 2016: 305).

„Unverwechselbarkeit [...]"	diese dürfte im Falle Bernd Rosemeyers gegeben sein;
„Breite Akzeptanz"	also Personen mit Vorbildfunktion – was bei Rosemeyer in Zweifel steht;
„Bekanntheitsgrad"	in diesem Falle gegeben;
„Lokaler Verweischarakter" (insbesondere Lokalpersönlichkeiten)	sicher gegeben;

„Kongruenz zum Schulprofil"	passt hier nicht, sicher jedoch in abgewandelter Form die „Kongruenz zur Lokalität"; die heutige Bernd-Rosemeyer-Straße und frühere Bahnhofstraße ist der Ort, wo Rosemeyer sich während seiner Jugend fast ständig aufhielt;
„Mentale Nähe"	„einer von uns"; hier wird es kompliziert, denn viele Lingener empfinden wohl diese „mentale Nähe" zu dem herausragenden Sportler, auf den sie gern stolz sein möchten; dabei klammern sie allerdings seine SS-Mitgliedschaft aus und geraten so in eine gewisse Spagat-Stellung;
„Tauglichkeit für erzieherische Absichten"	hier überwiegt wohl zu Recht die Einschätzung, dass Rosemeyer nicht dazu taugt, erzieherische Ideale in der Lingener Bevölkerung zu fördern; unter erzieherischem Blickwinkel darf das Verhalten Rosemeyers, nämlich aus Karrieregründen und um des persönlichen, auch finanziellen Vorteils willen den Pakt mit dem Teufel zu schließen, keinesfalls akzeptiert werden. Vor allem darf jungen Menschen nicht die Botschaft vermittelt werden: *„Gegen ein verbrecherisches System m u s s ich nicht resistieren, sondern es ist o. k., wenn ich die Vorteile, die es mir bietet, optimal ausnutze. Und deshalb ist es auch in Ordnung, wenn ich mich mit diesem System arrangiere und mich anpasse."*

Wenn man diese Kriterien in dem Kontext der Debatte, ob Rosemeyer zusätzlich zu den bereits genannten Ehrungen eine museale Gedenkstätte erhalten soll, als Entscheidungshilfe akzeptiert, dann muss die Errichtung eines Museums für ihn und seine Ehefrau abgelehnt und zurückgewiesen werden. Insbesondere muss dieses Vorhaben verworfen werden, wenn man die Kriterien „breite Akzeptanz" mit Vorbildcharakter, „mentale Nähe" und insbesondere „Tauglichkeit für erzieherische Absichten" der Entscheidung zugrunde legt. Ein SS-Hauptsturmführer kann sich nicht auf eine breite Akzeptanz stützen, er ist kein Vorbild für die Nachwelt und erst recht ist er volkkommen untauglich für erzieherische Absichten.

Funktionäre wie Rosemeyer machten das NS-Regime erst möglich. Der US-amerikanische Literaturwissenschaftler und Shakespeare-Forscher Stephen Greenblatt (2016, in: FAZ Nr. 238 vom 12. Oktober 2016, S. 9) entdeckt bei Shakespeare, „wie ein abstoßendes, perverses Monstrum [er meint Richard III., Anm. des Verf.]" tatsächlich den englischen Thron besteigen konnte. Die desaströse Herrschaft des Königs Richard III resultierte aus einem „fatalen Zusammenspiel unterschiedlicher, jede auf ihre Weise zerstörerischer Reaktionen jener Personen, die sich um ihn gruppierten". Diese repräsentieren eine „Nation der Möglichmacher" – und dies kann auf Menschen wie Rosemeyer übertragen werden:

1.) Diejenigen, die meinen, es werde alles irgendwie halbwegs normal weiterlaufen: „dass Versprechen gehalten, Bündnisse verbindlich bleiben und wesentliche Institutionen respektiert werden".

2.) Menschen, die es einfach verdrängen, was für ein böser König sie regiert: „Sie wissen zwar, dass er diese oder jene verabscheuungswürdige Tat begangen hat, haben sie haben die seltsame Neigung, es wieder zu vergessen".

3.) Die Gruppe der „Möglichmacher", die ihn aus Angst vor Demütigung und Gewalt unterstützen. „Zur Leiche mache ich den, der nicht gehorcht!".
4.) Jene, die sich einen Vorteil aus Richards Regentschaft erhoffen. „Und nach Shakespeares Vorstellung aber gehören genau diese zu den ersten, die zum Untergang verdammt sind, nachdem sie Richard beim Erreichen seiner Ziele geholfen haben".
5.) Die „Möglichmacher", „die großes Vergnügen daran haben, dass sich die so lange angestaute Aggression endlich Luft machen und der schwarze Humor Raum greifen kann" (Stephen Greenblatt 2016).

In Deutschland gab es bei den „Möglichmachern", die selbst keine aktiven Nazis waren und sich selbst als eher unpolitisch bzw. konservativ einordneten, eine gewisse „innere Bereitschaft, sich dem neuen Kurs zu unterwerfen" (Haug 1967: 55). Haug fährt fort: „Typisch ist freilich nicht der fanatische inhaltsgläubige „Nationalsozialist", sondern der konformistische – und oft genug windelweiche – Mitmacher mit „inneren Vorbehalten" bzw. mit konsequent befolgter Moral von der Art „Was ich nicht weiß, macht mich nicht heiß" (ebenda). Dazu gehörten „ein verfehlter Idealismus und ein verqueres Weltbild" ebenso wie der „Opportunismus und die Angst, die Gesinnungslosigkeit und die schiere Dummheit" (ebenda). Das NS-System konnte „erst dank der überwiegend wohlwollenden Widerstandslosigkeit totalitär werden" (ebenda: 56). Hinzu kam eine „widerspruchslos hingenommene Eliminierung der politisch oder rassisch mißliebigen Kollegen" (ebenda: 59).

Dies lässt sich auch auf Rosemeyer und die anderen NS-affinen Rennfahrer übertragen, die das plötzliche Verschwinden jüdischer Kollegen nicht kommentierten. Der Rosemeyer-Freund Paul Pietsch war beispielsweise in einer privaten Renngemeinschaft zweitweise ein Teamkollege des jüdischen Rennfahrers Hans Levy. Auf die Frage nach dem Verbleib seines Kollegen antwortete Pietsch in einem Fernsehinterview: „Äh [...], oh [...], er hatte den Arier-Nachweis natürlich nicht gekriegt [...] und er ist dann 33 bereits verschwunden. Er ist – glaube ich – ausgewandert, ich habe auf einmal nichts mehr von ihm gehört" (Frilling 2009: 46). Es kann als sicher gelten, dass auch Rosemeyer von dem Fall Hans Levy Kenntnis hatte.

Viele Zeitgenossen Rosemeyers betonten unablässig, unpolitisch gewesen zu sein. Dieses „Syndrom des Unpolitischen" war eine „wichtige Determinante für Affinität zu oder Hilflosigkeit gegenüber Faschismus" (ebenda: 63).

Das „Unpolitische" kann verstanden werden als „Abwesenheit von politischem Engagement – gelegentlich als Abwesenheit von politischer Bildung"; manchmal wird es auch als „Politisches" sui generis bezeichnet (vgl. ebenda). Rosemeyers rennsportliche Aktivitäten hatten nach seinem Verständnis nichts mit Politik zu tun. Sein beruflicher Alltag nahm ihn so sehr in Anspruch, dass er die politische Entwicklung möglicherweise nur am Rande seines Bewusstseins erlebte – und verdrängte. Diese apolitische Disposition war auch in Rosemeyers Umgebung nicht selten. „Daß man im Leben ein guter Fachmann sein, aber als Staatsbürger versagen kann, war die Erfahrung dieser Zeit" (ebenda: 64). Der Begriff „politisch" war vielen Zeitgenossen Rosemeyers suspekt; er wurde schon in der Weimarer Republik in „deprezierender Absicht" mit „demokratisch" assoziiert; „deshalb kann später „unpolitisch" ein Tarnwort für un- oder antidemokratisch werden" (ebenda: 65 f.). „Zu konstatieren ist schließlich ein „funktionaler Zusammenhang" dieser Ideologie mit der Entstehung des Dritten Reiches" (ebenda: 67).

Wegen des „Fortbestehens des Syndroms" kann es gegenwärtig so leicht zu einer Trennung zwischen der sportlichen

Rolle Rosemeyers – und auch Elly Beinhorns – und seiner bzw. ihrer politischen Instrumentalisierung durch die Nazis kommen. Hierdurch wird das „Unpolitische" als nachahmungswürdig und vorbildlich hingestellt. Da „politisch" oft als Syndrom für „faschistisch-gleichgeschaltet" verwendet wird, kann man sogar auf die Idee kommen, die apolitische Haltung Rosemeyers und Beinhorns als vom Faschismus abgewandte Haltung zu werten (vgl. ebenda: 69). Dies dürfte auch genau die Intention der heutigen Anhänger Rosemeyers und Beinhorns sein. Dabei übersehen sie, dass „Faschismus, als ein System unmittelbarer Herrschaft, […] weitgehende Abschaffung der Politik" bedeutet. Unpolitisch zu sein heißt daher, dies für sich in einem profaschistischen Sinne zu antizipieren (vgl. ebenda) und sich selbst bei den „Möglichmachern" einzureihen.

Bernd Rosemeyer – ebenso wie seine Frau Elly Beinhorn – gehörten zweifellos zu den Möglichmachern. Ohne diese wäre der Nationalsozialismus nicht zur Macht gelangt. Möglichmacher heute zu ehren heißt, ihr damaliges Verhalten für die nachwachsenden Generationen zum Vorbild zu erheben.

Natürlich ist die posthume Ehrung Rosemeyers durch den Straßennamen, durch ein Rosemeyer Gedächtnis-Rennen und womöglich durch ein „Elly Beinhorn-Bernd Rosemeyer-Museum" ein klarer Verstoß gegen eine an sich selbstverständliche politische Selbstpositionierung unter dem seit 1945 überlieferten Motto „Nie wieder Faschismus, nie wieder Krieg!". Aber: Von interessierter Seite wird – besonders in den sozialen Medien – immer häufiger gegen dieses Verdikt verstoßen. Gern wird gar mit solchen Verstößen gegen die „political correctness" kokettiert. Es ist uncool, „politically correct" zu sein.

Straßennamen stehen wie andere Formen der Ehrung „symbolisch für zeittypische Geisteshaltungen; sie transportieren „mit sprachlichen Mitteln [einen] soziohistorischen

Bezug im Sinne von regionalem Identifikationspotential""
(Kühn 1999: 136, zit. nach: Böhnert 2016: 311).

Die Namensgebungen und Memorials verschiedener Art, z. B. Museen, „spiegeln erzieherische Traditionen und Werte wider und sind somit gesellschaftlich hochrelevant", denn in den Namen werden „Geisteshaltungen festgeschrieben" (ebenda).

In der BRD gab es eine geschichtspolitische Debatte, in der es um die aus der Erfahrung des Nationalsozialismus zu ziehenden Konsequenzen ging. Von Seiten reaktionärer Kräfte, lange auch von Seiten ehemaliger Nazis bzw. deren Nachkommen, wurde versucht, den Nazismus im Sinne einer „Wiederaufwertung oder zumindest Relativierung und Entaktualisierung" seiner Verbrechen zu historisieren.

Bertolt Brecht dagegen fordert auf zur Betrachtung eines bestimmten Gesellschaftssystems „vom Standpunkt eines anderen Gesellschaftssystems" (Brecht in: Haug 1967: 55) aus". Haug nennt das eine „transsoziale Relativierung", die z. B. zu einer „Dislokation eines modernen Verhaltens in eine archaische Gesellschaft" (Haug 2004: 395) führen kann.

Im Surrealismus werden „die Dinge aus jedem lebensweltlichen Zusammenhang herausgerissen und in ein irreales Gefüge montiert", was uns „das Referenz-System entzieht" (André Breton, zit. nach: Haug 2004: 395).

Insofern mutet die „Rosemeyer-Rallye" an wie ein surrealistisches Szenario, dem das Referenz-System entzogen ist. Das gleiche gilt, wenn alljährlich mit überlebensgroßen Rosemeyer-Porträts in der Lingener Innenstadt für die Rallye bzw. für die Historisierung Rosemeyers geworben wird. Das geplante Museum würde freilich allem die Krone aufsetzen, und offenbar nehmen es die Initiatoren in Kauf, wenn hier eine Kultstätte und ein Wallfahrtsort für Ewiggestrige entstehen sollten.

Die Rosemeyer-Apologeten betrachten die sportlichen Erfolge Rosemeyers und Beinhorns als zeitlose Glanzpunkte in der Geschichte der Stadt Lingen. Die Begleitumstände und Bedingungen dieser Leistungen sollen weiterhin ausgeblendet werden, da sie als nicht mehr aktuell angesehen werden und mit der sozialen und politischen Gegenwart nichts mehr zu tun haben sollen. Auch in diesem Kontext soll der „Schluss-Strich" gezogen werden. Die AfD sagt, man dürfe die Geschichte Deutschlands nicht auf die zwölf Jahre des Nationalsozialismus reduzieren. Die „Bedingungen der Möglichkeit", sportliche Erfolge mit Rennwagen und Flugzeugen zu erringen, werden ignoriert. Brecht geht von einer „Änderbarkeit" der Menschen aus, d. h. er möchte ihnen Lust und Mut machen zur Selbstveränderung wie zum solidarischen Umbau der Verhältnisse. Gleichzeitig möchte Brecht warnen vor einer „reaktionären Manipulierbarkeit" des Menschen: „Man kann, wenn wir nicht über ihn wachen, ihn über Nacht uns zum Schlächter machen" (Brecht 1967: 336).

Bei dem in Lingen geplanten „Elly Beinhorn- und Bernd Rosemeyer-Museum" handelt es sich nach dem jetzigem Stand der Planung um ein Privatmuseum. Privatmuseen repräsentieren in der Regel ein eng begrenztes Thema und werden von einzelnen Liebhabern oder Vereinen betrieben. Eine wissenschaftliche Systematik und Begleitung – wie sie in Museen in öffentlich-rechtlicher Trägerschaft selbstverständlich ist, wird von privaten Museen meist nicht geleistet. Da der Begriff „Museum" in Deutschland nicht geschützt ist, genießt der private Betreiber hinsichtlich der Gestaltung des Museums und der dort vorgehaltenen Informationen eine vollkommene Freiheit, d. h. es handelt sich um einen „Tendenzbetrieb". Die Tendenz des „Elly-Beinhorn und / Bernd- Rosemeyer-Museums" ist klar: Es geht um eine Glorifizierung der beiden Protagonisten bei Ausblendung der historischen und politischen Implikationen.

Dieses Museum wird kaum die Anforderung des „International Council of Museums (ICOM)" erfüllen, der von einem Museum verlangt, „eine gemeinnützige, ständige, der Öffentlichkeit zugängliche Einrichtung im Dienst der Gesellschaft und ihrer Entwicklung" zu schaffen, „die zu Studien-, Bildungs- und Unterhaltungszwecken materielle Zeugnisse von Menschen und ihrer Umwelt beschafft, bewahrt, erforscht, bekannt macht und ausstellt" (ebenda). Das Museum der Rosemeyer-Beinhorn Apologeten droht dagegen zu einer unkritischen Jubelschau zu werden, wie bereits einige von Rosemeyer jr. inspirierte Ausstellungen es deutlich werden ließen. Als abschreckendes Beispiel kann hier die Sonderausstellung „Elly Beinhorn – Fliegerass und Powerfrau aus Hannover" genannt werden, die 2016 im Luftfahrtmuseum Laatzen stattfand. Die Ausstellungsmacher brachten es fertig, die NS-Verstrickung Beinhorns weitgehend auszublenden. „In der NS-Zeit spannten die Nazis Beinhorn zur Reichsimagepflege ein", heißt es da, und: „Sie hat sich nicht vereinnahmen lassen" (HAZ vom 29.01.2016). Der Tenor der Lingener Ausstellung dürfte ähnlich sein.

Die Motorsport-Zeitschrift „Pitwalk" (vgl. Anhang dieser Arbeit) widmete dieser Ausstellung – und mit ihr dem Lingener Unternehmer Heinrich Liesen und Bernd Rosemeyer jr., den Initiatoren des Lingener Museums – die „Cover Story" ihrer Ausgabe I, Nr. 33 („Das Heft der Helden"). „Wen die Götter lieben, den machen sie unsterblich", titelt die Zeitschrift. Auf den folgenden Seiten lassen sich Rosemeyer jr. und Liesen ausgiebig feiern. Rosemeyer vergisst nicht, auf seine eigene – angebliche – Vergangenheit als Starfighter-Pilot hinzuweisen und Heinrich Liesen lässt sich gar schon als „Museumswächter" würdigen. Der Unfalltod Bernd Rosemeyer sen. wird als „Heldentod" in einer „Weltrekordschlacht" gerühmt; die Wortwahl unterscheidet sich nicht wirklich von den Trauerreden führender Nazis bei der Trauerfeier für Bernd Rosemeyer im Jahre 1938. Nach dem schon bekannten Muster wird hervorgehoben, Rosemeyer sei sicher kein Nazi gewesen – er habe ja schließlich „Berliner Juden" bei der Flucht aus Deutschland unterstützt. Belege hierfür gibt es wieder einmal nicht.

Wie man es anders machen kann, zeigen zahlreiche seriöse Museen, so zum Beispiel das „Dokumentations- und Informationszentrum (DIZ) Emslandlager", das dem Besucher eine eindringliche Auseinandersetzung mit dem Schicksal tausender religiös, rassisch oder politisch Verfolgter im Emsland ermöglicht. Die Häftlinge wurden u. a. bei der Zwangsarbeit im Moor bestialisch misshandelt. Die Beschränkung des geplanten Museums in Lingen auf die fliegerischen Erfolge Elly Beinhorns und die siegreichen Autorennen Bernd Rosemeyers wären so, als würde man das DIZ in Esterwegen auf die Darstellung der damaligen Techniken der Torfgewinnung reduzieren und die Schandtaten der SS-Wachmannschaften verschweigen.

9. Fazit

Bei der Rosemeyer/Beinhorn-Diskussion müssen zwei Gesichtspunkte im Vordergrund stehen: Zum einen eine Auseinandersetzung mit den Apologeten, die beide Protagonisten von dem Vorwurf reinwaschen möchten, sie hätten selbst mit dem Nationalsozialismus sympathisiert und sich aus freien Stücken in seinen Dienst gestellt. In diesem Kontext ist darauf hinzuweisen, dass zahlreiche Nazis – vom kleinen Mitläufer bis zum blutrünstigen Massenmörder – stets gleichbleibende Exkulpationsschemata verwendeten: Sie hätten von Gräueltaten nichts geahnt, sie seien an Politik niemals interessiert gewesen – und wenn doch, dann um Schlimmeres zu verhüten – und sie hätten doch alle in der einen oder anderen Weise Juden geholfen. Dies führt zu jener unheilvollen „Verstrickung", die oftmals nur als ein anderer Begriff für Täterschaft fungierte. Zum anderen ist es nicht hinnehmbar, wenn in Rosemeyer und Beinhorn zwei der „Möglichmacher" hochgelobt werden, ohne die das NS-System nicht realisierbar gewesen wäre. Sie als Vorbilder hinzustellen, rechtfertigt die Haltung von Millionen Deutschen, die den Faschismus widerstandslos hingenommen haben oder die ihn aus Gründen des eigenen Vorteils sogar unterstützt haben. Dies darf in Zeiten eines wieder aufkommenden Nationalismus in Europa nicht der Weg sein, den wir den Nachwachsenden weisen.

10. Anhang

Bernd Rosemeyer im „Heft der Helden"

Nicht ganz unbekannt im Deutschen Rennfahrermilieu ist die Zeitschrift „Pitwalk", in deren Ausgabe Nr. 35 Chefredakteur Norbert Ockenga ein besonderes Bonbon für die Leser bereithält. „Heft der Helden" heißt diese Nummer von Pitwalk, und sie setzt an bei Michael Schumacher, dem mehrfachen Formel-1 Weltmeister:

> „Allerdings hatte Schumacher in Deutschland einen Vorgänger, dessen Faszinationspotenzial für die Massen seinerzeit noch größer gewesen sein muss als jenes von Schumi in dessen besten Zeiten: Bernd Rosemeyer. Vor genau 80 Jahren gewann der blonde Emsländer die Rennwagen-EM, die Vorläuferserie der heutigen Formel 1. Das runde Jubiläum war für PITWALK Grund genug, sich auf eine Spurensuche nach dem Nachlass des Vorkriegshelden zu begeben." (Ockenga 2016)

Rein zufällig, so will Ockenga es glauben machen, stößt er auf Bernd Rosemeyer jr. und Heinrich Liesen, die Initiatoren des Elly Beinhorn und Bernd Rosemeyer Museums in Lingen:

> „Und siehe da: Chefredakteur Norbert Ockenga wurde gleich zweifach fündig. Er traf sich mit Bernd Rosemeyer jr., dem Sohn des Auto Union-Piloten – und erhielt so aus allererster Hand Erinnerungen und Schilderungen über Rosemeyer, die anderswo noch nie zu lesen waren. „Und wie es oft so ist, wenn man nur lange und gründlich genug recherchiert", sagt Ockenga, „hat das Thema plötzlich ganz neuen Schwung gekriegt". Denn der PITWALK-Chef machte einen Industriellen ausfindig, der schon sehr bald ein eigenes Bernd-Rosemeyer-Museum eröffnen möchte. Was bislang noch im Stillen vor sich hin köchelte, wird in der neuen PITWALK vom 23. September in die breite Öffentlichkeit getragen – eine kleine Sen-

sation in der großen Welt der Motorsport-Historie. „Vor dem Hintergrund dieser einzigartigen Enthüllungen war es selbstverständlich", sagt Ockenga, „dass Rosemeyer auch das Titelthema unserer neuen Ausgabe werden musste. Auch wenn wir gerade fürs Heft der Helden noch jede Menge anderer Hochkaräter fürs Cover auf Lager gehabt hätten" (ebenda).

Die „Recherche" des wackeren Sportjournalisten ging jedoch gehörig in die Irre, denn er ließ sich von den Rosemeyer-Adepten zahlreiche Bären aufbinden, was er selbst bei geringer journalistischer Sorgfalt hätte erkennen müssen. Bei dieser „Cover-Story" – so wird sie von Ockenga genannt – handelt es sich um einen billigen Lobgesang auf Bernd Rosemeyer jr. und Heinrich Liesen.

„Der graumelierte Mann schreitet würdevoll" durch die „Sonderausstellung zu Ehren seiner mit 100 ½ verstorbenen Mutter im Luftfahrtmuseum Laatzen" – gemeint ist Bernd Rosemeyer junior. Dann „mischt sich ein sanfter Ton in die sonst so feste, oft sogar bestimmende Stimme (man beachte die Alliteration, Anm. des Verf.)" – dies ist der Duktus von Arztromanen im Groschenheftformat. „Er selbst sei zu seiner Zeit bei der Bundeswehr Starfighter-Düsenjets geflogen", so zitiert Ockenga den Junior weiter, was eine schlicht falsche Behauptung ist. „In nüchternen Worten kann er wertfrei erklären, warum die Kampfflieger ... zu den gefürchteten Witwenmachern der Strauß-Ära mutierten". Also auch Rosemeyer jr. ein Heros wie sein Vater? Nein, mitnichten. In einem Interview an anderer Stelle gibt Rosemeyer jr. an, dass er „nie selbst am Steuerknüppel gesessen" habe. Aber es geht noch weiter: „... Rosemeyer jr. betont immer wieder, wie viel Spaß und Faszination ihm seine Flüge in den Starfighter-Jets bereitet hätten". Das Heldentum hat sich anscheinend vererbt.

Die Lobhudelei setzt sich fort: „Wie er so dasteht, mit Einstecktuch im hellblauen Sakko, perfekt sitzender Frisur, schlank und voller Würde im Alter, befällt einen immer wieder ein Gedanke: So also hätte Bernd Rosemeyer, dieser erste Held des Motorsports, später mal ausgesehen", wenn er nicht bei seinem Rekordversuch 1938 ums Leben gekommen wäre.

In dem für diesen Beitrag in „Pitwalk" kennzeichnenden Trivialstil schwadroniert der Autor weiter: „Seine Augen haben die hellblaue Farbe von Eisbonbons (sic!)" und er sagt nachdenklich: „Wen die Götter lieben, den machen sie unsterblich". Ob sie auch den Junior lieben, mag angesichts der zahlreichen Unwahrheiten, die er hier verbreiten lässt, angezweifelt werden. Auffällig ist die zum Teil auch militaristische Wortwahl, der sich Rosemeyer jr. befleißigt: Der „Mythos" Rosemeyer speise sich „zu einem großen Teil auch aus seinem *Heldentod* (sic!) bei der Weltrekord*schlacht*".

Zu der nicht bestreitbaren SS-Mitgliedschaft seines Vaters sagt Rosemeyer jr.: „Ich kann diese ganze NS-Geschichte nicht mehr hören". Den Nationalsozialismus bezeichnet er lapidar als *„die Politik"* – diese habe ihm den Vater geraubt, indem sie das „Wettrüsten mit immer schnelleren Autos" forciert habe. Immerhin seien für diese Politik der Nazis „nicht nur motorsportliche, sondern auch politisch-ideelle Motive" ausschlaggebend gewesen. Gesteht Rosemeyer also den Nazis tatsächlich „politisch-ideelle" Beweggründe zu? Unfassbar.

Angeblich machte des Juniors Mutter den NSKK-Führer Adolf Hühnlein für die Durchführung der Rekordversuche und damit für den Tod des Rennfahrers verantwortlich. Daraus konstruieren die Rosemeyer-Beinhorns gern eine antinationalsozialistische Haltung Elly Beinhorns. Rosemeyer jr.: „Vor der Beerdigung hat sie gesagt: „Wenn der Hühnlein spricht, gibt's einen Eklat." Und als Hühnlein dann tatsächlich zum Rednerpult lief, hat sie ihn so durchdringend angeschaut, dass er wieder umgedreht ist". So leicht war das also: Ein böser Blick – und schon kuschen die Nazi-Fürsten. Auch diese Episode ist übrigens durch nichts belegt.

„Mein Vater war ein guter Katholik", behauptet Bernd Rosemeyer jr. – so gut, dass er eine kirchliche Hochzeit mit Elly Beinhorn ablehnte, wie aus seinem SS-Heiratsgesuch hervorgeht. Rosemeyer war so eng mit der SS verflochten, dass ihm die Abneigung Himmlers gegenüber den christlichen Kirchen Gebot war, an das er sich – ohne Not – hielt.

Ja, und dann registriert der Autor wieder jenen „eisblauen Blick", diesmal freilich ohne das Eisbonbon.

Im zweiten Teil der Bernd-Rosemeyer-Jubelstory geht es um den Lingener Unternehmer Heinrich Liesen; die Laudatio des Autors setzt sich fort: „Heinrich Liesen sitzt auf der Veranda des Golfklubs [...], einem in Südstaaten-Architektur gehaltenen Balkon". Er ist der „Beton-, Bitumen- und Bauchemie-Mogul aus Lingen", der allein 99 Oldtimer besitzt. In schönster Groschenheft-Diktion geht es weiter: Liesen ist ein „Selfmade-Millionär", der es – möchte man fast sagen – vom Tellerwäscher zum Millionär gebracht hat. Der Geiz des Vaters zwang den armen jungen Studenten dazu, sich sein Studium durch Oldtimer-Handel zu finanzieren. (Also: Auf Ihr Studenten von heute! Wenn Ihr knapp bei Kasse seid – macht es wie Liesen! – Anm. des Verf.) Aber so ist aus dem armen Studiosus Heinrich Liesen „jener Mann erwachsen, der nun zu einem *Glücksfall* für die deutsche Motorsport-Ahnengalerie werden dürfte: ein *Unternehmer nach altem Schrot und Korn*; ein *Macher* mit kurzen Denkpausen (?) und mutigen Entscheidungen; ein Mensch mit *sozialem Verantwortungsbewusstsein* und einem *Gespür für das, was sich gehört* (Markierungen durch den Verf.)"
. Gerade an diesem *Gespür* konnten in Lingen Zweifel aufkommen, als er – gemeinsam mit Bernd Rosemeyer jr. – 2015 versuchte, den greisen jüdischen Ehrenbürger Grünberg zu dem Zweck zu instrumentalisieren, Bernd Rosemeyer sen. von dem Verdikt des Nationalsozialismus reinzuwaschen – was damals in hochnotpeinlicher Weise scheiterte. Motiv war

seine Verärgerung über die nicht nachlassende Diskussion über die Rolle Bernd Rosemeyers als SS-Hauptsturmführer. „Das Erbe des [...] *Rennhelden* pflegen sie in Lingen wahrlich nicht, und das ärgert Heinrich Liesen." Deshalb plant er die Eröffnung einer Kultstätte, des „ersten Bernd-Rosemeyer-Museums". Für Liesen ist die SS-Verstrickung Rosemeyers kein Problem, denn „anders hätte er [...] seinen Sport nicht ausüben können" – glatt gelogen, denn zahlreiche andere deutsche Rennfahrer machten Karriere, ohne der SS oder anderen Nazi-Organisationen angehört zu haben. Folgerichtig bezeichnet Heinrich Liesen den Rennfahrer denn als „angeblichen Nazi", dessen Bild er mit dem Museum „geraderücken" wolle. Liesen versteigt sich sogar zu der Behauptung, Rosemeyer habe wegen seiner angeblichen Ablehnung des NS-Systems in die USA auswandern wollen. Auch für diese Behauptung gibt es keinen stichhaltigen Beleg.

Nun folgt, was in diesem verquasten Kontext nicht fehlen darf, die Mär von dem „guten" SS-Mann, der „jüdischen Mitbürgern in Berlin über den Chirurgen Dr. Straßmann zur Flucht verholfen hat" (Pitwalk). Auch dies ist höchst zweifelhaft.

Richtig scheint dagegen zu sein, dass Elly Beinhorn mit der halbjüdischen Fliegerin Antonie Straßmann bekannt war. Diese emigrierte schon 1932 in die USA und machte dort ein Vermögen als „Repräsentantin deutscher Flugzeugfirmen in den USA, wo sie Geschäftskontakte und Verträge für Junkers, BFW, Heinkel, Klemm, Lufthansa und viele andere Firmen anbahnte" (Zegenhagen 2005: 28). Weiter heißt es bei Zegenhagen: „1935 verlor ihr Vater seine Privatklinik in Berlin und verstarb kurz darauf (1938 während einer Reise in der Schweiz, Anm.CF. Ihre Verwandten, darunter ihre Mutter und ihr Bruder, ein angesehener Arzt, mussten Deutschland verlassen. Mit dem Geld, das Antonie im Dienste deutscher Flugzeugfirmen verdiente, ermöglichte sie (also Antonie

Straßmann und n i c h t die Rosemeyers, (Anm. CF) ihnen allen Emigration und Existenzgründung, zumeist in den USA." Wie Heinrich Liesen behaupten kann, Beinhorn und Rosemeyer hätten „jüdischen Mitbürgern in Berlin [...] zur Flucht verholfen", ist nicht nachvollziehbar und historisch nicht haltbar. Es scheint allerdings Hinweise darauf zu geben, dass Elly Beinhorn und Bernd Rosemeyer einmal die Eltern von Antonie Straßmann in Berlin besucht haben. Bernd Rosemeyer litt seit Ende 1935 infolge einer Austernvergiftung an Gelbsucht und soll in dieser Angelegenheit den alten Professor Straßmann konsultiert haben. Wie es sich tatsächlich verhalten haben könnte, ist einem Buch von Paul Straßmanns Enkel W. Paul Strassmann zu entnehmen (Schreibweise dieses Namens in den 30er Jahren "Straßmann", in den USA jetzt „Strassmann", Anm. CF).

Nach der Lektüre dieses Buches kann man nicht sagen, dass die Rosemeyers im Hause Straßmann „verkehrten". Im Buch sind zwei Begegnungen dokumentiert.

Die erste war eher peinlicher Natur: W. Paul Straßmann beschreibt die Situation der Familie Paul Straßmanns am 19. November 1936, dem letzten Tag in der Berliner Wohnung: „Um mich herum grauenhafte Wüste", schrieb Paul in sein Tagebuch. Es schnürt einem den Hals zusammen, wenn man sich in die Lage des alten Professors versetzt. Er beendet den Tagebucheintrag nicht. „Ich kann nicht mehr schreiben."

Der Enkel W. Paul Strassmann berichtet weiter:

> „Am nächsten Morgen um acht Uhr früh erschienen die letzten Möbelträger. Als alle Zimmer ausgeräumt waren, ging Paul noch einmal durch das Haus und schloss die Türen ab. Im Korridor standen die Oberschwester und weitere Angestellte, darunter Frau Stalinski, die Wäscherin. Alle weinten".

In dieser deprimierenden Situation geschieht etwas Besonderes:

"In der allerletzten Minute erschien Bernd Rosemeyer, der Rennfahrer, und fragte nach einem alten Automobilgemälde, das einst Hellmuth (dem 1916 gefallenen Sohn Pauls, Anm. des Verf.) gehört hatte. Paul bewahrte seine Haltung und sagte nur: „Segnet, die euch fluchen!" [...] Es war ein grauer Novembertag" (Strassmann 2006: 195).

Wie verträgt sich dieser Arisierungsversuch, diese infame und geschmacklose Taktlosigkeit Bernd Rosemeyers mit der Behauptung Liesens, Rosemeyer habe „jüdischen Mitbürgern [...] zur Flucht verholfen"?

Es verhält sich in Wirklichkeit so: „Antonie, die vielen ihrer Freunde und Verwandten zur Emigration verhelfen konnte" (ebenda: 324), war diejenige, deren Verdienst Liesen nun auf Rosemeyer übertragen möchte.

Eine weitere Begegnung gab es im Juni 1937, als Antonie ihre Freundin Elly Beinhorn und Bernd Rosemeyer vom Hudson Pier 86 in New York abholte. Bernd sollte an dem renommierten Vanderbilt Rennen teilnehmen, das er auch gewann. „Mehrere Tage lang verbrachte Antonie jede freie Minute mit den beiden" (ebenda: 224). Zur Abreise der beiden Freunde schrieb Antonie: „Nun reisen die guten Rosemeyers ruhm- und devisenbeladen heute Abend wieder weg!" (ebenda).

Am 1. Februar 1938, kurz nach dem Unfalltod Bernd Rosemeyers, berichtete Antonies Vater Paul Strassmann aus Berlin: „Es ist nicht leicht unsere gute Stimmung aufrechtzuerhalten, denn Rosemeyers Unfall hat sie zerschlagen. Noch vor kurzem saß er an unserm Tisch mit seiner Frau, Elly. Einige Abende später kam er wieder. Eine Diät für seinen Magen behelligte ihn. Heute ist seine Beerdigung in Dahlem, nur mit Einladung" (ebenda: 225).

Fazit: Richtig ist, dass es eine enge Freundschaft zwischen Paul Strassmanns Tochter Antonie und den Rosemeyers – insbesondere mit Elly Beinhorn – gab. Daran konnte auch der peinliche Arisierungsversuch Bernd Rosemeyers am Tage der

Abreise Pauls aus seiner Berliner Wohnung nichts ändern. Antonie war zwar nicht arisch, genoss jedoch trotzdem allerlei Privilegien und brauchte sich als US-Bürgerin bei Deutschlandaufenthalten nicht ernsthaft um ihre Sicherheit zu sorgen. Sie war mit Göring auf „Du" – „Antonie und Göring kannten sich als Flieger, als Freunde von Freunden. Mit Göring kam seine Verlobte, Emmy Sonnemann, die zusammen mit Antonie am Stuttgarter Landestheater aufgetreten war. Antonie lief auf Emmy zu und umarmte sie herzlich, während sie zu Göring hinüberrief. „Mensch, Göring, wie kommst du zu so einer prächtigen Frau? Die ist doch viel zu gut für dich"" (ebenda: 145). Wer sich gegenüber Göring einen derart flapsigen und respektlosen Ton erlauben konnte, bedurfte sicher nicht mehr der Protektion durch die Rosemeyers. Eher war es umgekehrt.

Es ist äußerst befremdlich, wenn Liesen aus diesen Begebenheiten etwas ganz Anderes macht und damit womöglich belegen will, die Rosemeyers hätten sich Verdienste durch die Rettung von Juden erworben.

Heinrich Liesen ist ein „Baustoff-Mogul", der auch „Forschungen" unternimmt. Er behauptet: „Und Dr. Ludwig Remling, der ehemalige Stadtarchivar von Lingen, hat sich auch von der Mitarbeit (an dem geplanten Museum, Anm. des Verf.) überzeugen lassen." – Remling hingegen versichert inzwischen, dies sei von Liesen „frei erfunden". Doch der Baustoff-Historiker Liesen setzt noch eins drauf. Er erklärt: „Rosemeyer ist ein Lieblingsthema von ihm. Im Stadtarchiv wurden sogar dessen Tagebücher unter Verschluss gehalten". Remling bezeichnet auch diese Behauptung als falsch: „Tagebücher von Rosemeyer existieren nicht". Nächste Behauptung des Märchen-Moguls: „Selbst der Bürgermeister Dieter Krone ist mit im Boot. Denn das parteilose Stadtoberhaupt hat erkannt, dass es für Lingen eine einmalige Gelegenheit darstellt, wenn die Lebenserinnerungen der beiden großen

Namen in seiner Stadt in einem Museum [...] präsentiert werden kann (sic)". Auch dies ist in dieser Form falsch. Auf eine entsprechende Anfrage teilte Dieter Krone, der Oberbürgermeister von Lingen, mit, „dass es ein Rosemeyer-Museum in Lingen nur geben kann, wenn dies die gesamte Persönlichkeit Lingens darstellt". Deshalb sei zu fordern, dass „der Kurator erstens den entsprechenden Hintergrund mitbringen muss und die Ausstellung dann zweitens auch alle Facetten von Rosemeyer darstellt". Von einem Oberbürgermeister, der bei Heinrich Liesen „mit im Boot" sitzt und das Vorhaben unterstützt, kann also überhaupt nicht die Rede sein.

Eine der wenigen wahren Aussagen Liesens in diesem Lob-Artikel lautet: „Die Bernd-Rosemeyer und Elly-Beinhorn Stiftung kocht also ihr eigenes Süppchen". Es bleibt zu hoffen, dass die Lingener diese Suppe kräftig versalzen werden.

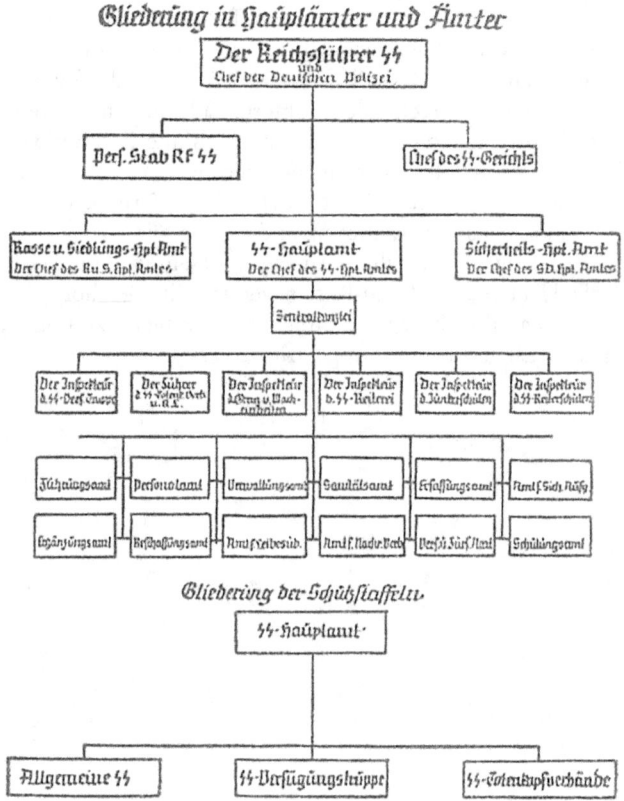

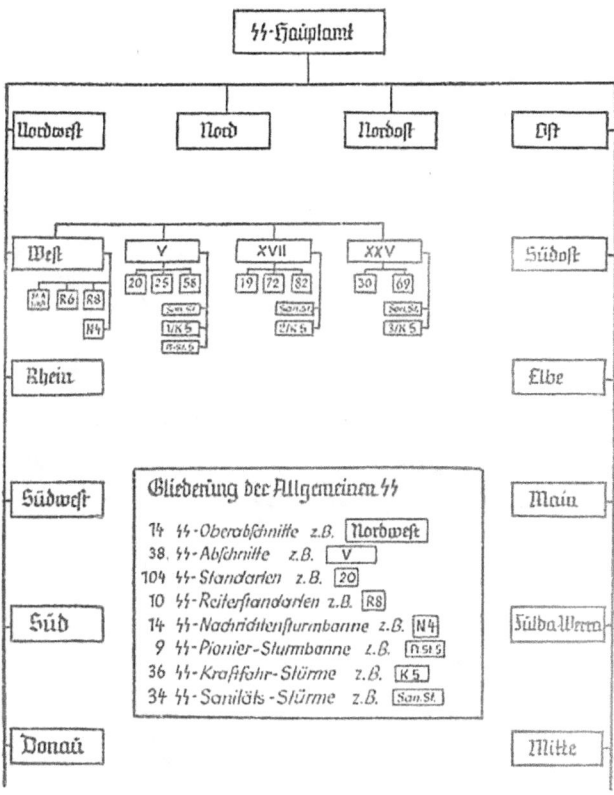

D'Alquen, Gunter – Die SS – Geschichte, Aufgabe und Organisation der Schutzstaffeln der NSDAP (1939, 15 S.), Berlin

Literatur

Adam, Christian (2016): Der Traum vom Jahre Null. Autoren, Bestseller, Leser: Die Neuordnung der Bücherwelt in Ost und West nach 1945, Berlin

Bechtluft, Horst Heinrich (o.J. [2009]): Bernd Rosemeyer (1909–1938). Rennfahrer in der NS-Zeit. Sonderdruck aus Anlass des 100. Geburtstages des Lingener Idols am 14. Oktober 2009, aus: Emsländische Geschichte, Band 15, Haselünne 2008

Bahro, Berno (2014): „Schonungsloses Höchsttempo" – Die motorsportlichen Aktivitäten der SS, in: Becker, Frank und Ralf Schäfer, (Hrsg.): Die Spiele gehen weiter. Profile und Perspektiven der Sportgeschichte, Frankfurt/New York

Becker, Frank und Ralf Schäfer (Hrsg.) (2014): Die Spiele gehen weiter. Profile und Perspektiven der Sportgeschichte, Frankfurt/New York

Beinhorn, Elly (1938): Bernd Rosemeyer. Mein Mann der Rennfahrer, Berlin

Beinhorn, Elly (1977): Alleinflug. Mein Leben, München

Beinhorn, Elly (1987): Bernd Rosemeyer. Mein Mann der Rennfahrer, Berlin und München

Berghoff, H. und C. Rauh-Kühne (2000): Fritz K. Ein deutsches Leben im zwanzigsten Jahrhundert, Stuttgart und München

Böhnert, Katharina (2016): Nelson Mandela schlägt Hindenburg – Benennungsmotive von Schulen im Wandel, in: Muttersprache Nr. 126 (2016), S. 305

Bretz, H. (1938): Bernd Rosemeyer. Ein Leben für den Sport, Berlin

Chappuzeau, K. (2002): Der Mühlenstieg, Niebüll

D'Alquen, Gunter (1939): Die SS – Geschichte, Aufgabe und Organisation der Schutzstaffeln der NSDAP, Berlin

Dath, Dietmar (2016): Che Guevara heißt jetzt Harry Potter, in: FAZ Nr. 255 vom 1. November 2016, S. 9

Day, Uwe (2006): „Heil"-Rufe und Motorlärm. Rennsport war in der Nazizeit ein mentales Rüstungsprojekt, in: Jüdische Allgemeine vom 19.01.2006

Frilling, Christoph (2009): Elly Beinhorn und Bernd Rosemeyer – Kleiner Grenzverkehr zwischen Resistenz und Kumpanei im Nationalsozialismus, Frankfurt/M. u. a.

Fuchshuber-Weiß, Elisabeth (1999): „Schulnamen – eine onomastische Studie aus dem Schulalltag", in: Franz, Kurt/Greule, Albrecht (Hrsg.): Namenforschung und Namendidaktik, Baltmannsweiler, S. 142–157,

Greenblatt, Stephen (2016): Wie kommt ein Soziopath zur Macht? Zur Leiche mach ich den, der nicht gehorcht: Shakespeare erklärt die amerikanische Präsidentenwahl, in: FAZ Nr. 238 vom 12. Oktober 2016, S. 9

Haug, Wolfgang Fritz (1967): Der hilflose Antifaschismus, Frankfurt/M.

Haug, Wolfgang Fritz (Hrsg.) (2004): Historisch-Kritisches Wörterbuch des Marxismus, Band 6/I, Hamburg, Stichwort „Historisierung", S. 394–398

Hein, Bastian (2012): Elite für Volk und Führer? Die Allgemeine SS und ihre Mitglieder 1925–1945, München

Hein, Bastian (2015): Die SS. Geschichte und Verbrechen, München

Henze, Heidrun (1975): Bei den deutschen Kolonisten in Südwest-Afrika. Bilder von Elly Beinhorns Afrikaflug 1933; in: Institut für den wissenschaftlichen Film: Filmdokumente zur Zeitgeschichte, Göttingen

Hochstetter, Dorothee (2005): Motorisierung und „Voksgemeinschaft". Das Nationalsozialistische Kraftfahrerkorps (NSKK) 1931–1945, München

Klausch, Hans-Peter (2005): Tätergeschichten. Die SS-Kommandanten der frühen Konzentrationslager im Emsland, Bremen

Kühn, Ingrid (1999): „Schulnamengebung im politisch-kulturellen Symbolkanon" In: Muttersprache CIX, S. 136–143

Kokowski, Martin und Rudolf Boch (2014): Kriegswirtschaft und Arbeitseinsatz bei der Auto Union AG Chemnitz im Zweiten Weltkrieg, Stuttgart

Materialien für den Unterricht ab Jahrgang 9, „Der Weg in die Diktatur. Die Durchsetzung nationalsozialistischer Herrschaft im Emsland"

Medicus, Thomas (2012): Melitta von Stauffenberg. Ein deutsches Leben, Reinbek

Ockenga, Norbert (2016): „Wen die Götter lieben, den machen sie unsterblich"; in: PITWALK Nr. 35 vom 23. September 2016

Reh, Hans (1941): Der Meisterfahrer. Aus dem Leben Bernd Rosemeyers, Langensalza – Berlin – Leipzig

Schieder, Wolfgang (2013): Mythos Mussolini. Deutsche in Audienz beim Duce, München

Schmelter, Hans-Jürgen (2017): Lieber Bierzeltredner! Darum hast du es vergeigt!, Leserbrief in: FAZ Nr. 52 vom 2. März 2017, S. 6

Schumacher, Harald (2014): Audi hat in den vergangenen vier Jahren seine NS-Vergangenheit aufgearbeitet, in: Wirtschaftswoche vom 24. Mai 2014

Strassmann, W. Paul (2006): Die Strassmanns. Schicksale einer deutsch-jüdischen Familie über zwei Jahrhunderte, Frankfurt/M.

Westemeier, Jens (2014): Himmlers Krieger. Joachim Peiper und die Waffen-SS in Krieg und Nachkriegszeit, Paderborn

Zegenhagen, Evelyn (2005): Antonie Straßmann – Leidenschaft für's Fliegen, Leidenschaft für's Leben, in: VDP-Nachrichten 01/2005 (Verband deutscher Pilotinnen e. V.), S. 26–29

Zegenhagen, Evelyn (2007): „Schneidige deutsche Mädel". Fliegerinnen zwischen 1918 und 1945, Göttingen

Internet-Downloads

Bormann, Patrick und Per Tiedtke (o. J.): Erweiterter Forschungsbericht Auto Union. Erstellt im Auftrag der Wirtschaftswoche, hgg. von Joachim Scholtyseck, Universität Bonn, in: www.wiwo.de/downloads/9943598/1/erweiterter-forschungsbericht-auto-union.pdf

Bernd Rosemeyer & Auto Union Type C historic Welt/N 24 vom 20.12.2012: „Nazi-Vergangenheit: Königin Silvia über ihren Vater – „Er half Juden"" photo Sprint

Forum der Wehrmacht, Birgit Hartmann: „Rolle meines Großvaters in der Motor-SS (1935–1945) – War er wirklich so harmlos"? http:www.forum-der-wehrmacht.de/index.php/Thread/48084-Rol ...

https://simplypetrol.com/gallery/photo-prints/Bentley-s2-flying-b-photo-art-print/

http://www.lbsv.de/2-zug/bernd-rosemeyer/

http://forum.spiegel.de/showthread.phb?s=d72a258c8f1173ce50d5257588b254c9&t=8914 (Robert Koop)

Lange, Peter (2000): Der Schluss-Strich. Vor 50 Jahren: Der Bundestag plädiert für den Abschluss der Entnazifizierung, in: www.deutschlandfunk.de/derchlussstrich.724. de.html?dram:article_id=97235

Ludwig-Windthorst-Stiftung (2008): Der Weg in die Diktatur. Die Durchsetzung nationalsozialistischer Herrschaft im Emsland. Materialien für den Unterricht, in: http://www.ludwig-windthorststiftung.de/fileadmin/

Reuss, Eberhard in: http://www.faz.net/aktuell/sport/formel-1/hitlers-rennschlachten-rasen-unterm-hakenkreuz-1924779.html 26. März 2009

O'Keefe, Thomas C., in: http://www.kolumbus.fi/leif.snellman/elly100.htm

Snellman, Leif (2003): The CHAMPIONS/Bernd Rosemeyer. The 979 days phenomenon, in: The stories behind motor racing facts and fictions, in: 8w.forix.com/Rosemeyer.html

Bildnachweis

Das Foto von Bernd Rosemeyer auf S. 8 wurde entnommen aus:

Hans Reh
Der Meisterfahrer
Aus dem Leben Bernd Rosemeyers
Verlag von Julius Beltz, Langensalza-Berlin-Leipzig, 1941, 2. Auflage

Die Suche nach dem Rechteinhaber blieb ergebnislos. Der Beltz-Verlag und ebenso das Audi-Archiv konnten nicht weiterhelfen.

www.ingramcontent.com/pod-product-compliance
Lightning Source LLC
Chambersburg PA
CBHW052057230426
43662CB00037B/2014